風の二重奏

私の原点と経営戦略

斎藤博明

TAC出版

風の二重奏

風の二重奏　目次

岐

Fork

走

Run

転

Transition

還
Return

装丁　安彦勝博

岐

Fork

人が旬の時は短い

経済同友会では起業家を養成するためのプログラムとして'04年に同友会起業フォーラムを開催した。私も運営委員の一人として起業家を志す人々と話す機会を得た。大企業に勤務しながら起業家を志す人が多かった。彼らの起業家への評価は高く憧れを抱いていた。人数を絞るためにまず小論文を書いてもらった。二百通を超す応募があった。どの論文も熱意に溢れていたが、本当に起業家になれそうな人だけに絞った。約五十名が生き残った。この人たちに面接をしてさらに九名に絞った。もっと残したかったが、たった九名しか残らなかった。

面接して思ったことがある。大企業に勤めている人たちは、皆そこそこ優秀であった。どの評価項目でも4か5はとっていた。問題は、自分にしかできない他の誰よりも優れた「強さ」がないことであった。これでは起業できない。平均的に優秀な人が何百名いたとしても、起業家は一人も生まれはしない。他の誰よりも優れた強さが一つあればよいのだ。

私は面接しながら「日本の教育は何をしているのだろう」と情けなくなった。平均点の人間だけを大量生産しているだけであった。全部に平均して優秀でも、どれ一つとしてレベルを超えた優秀さがなかった。これでは人間としての魅力や面白さに欠ける。平均的なつまらない人間ではなく、他人に自慢できる強さを持つ人を生み出す教育に変えない限り、日本が多様で起業スピリットに溢れた国になることは難しい。面接した大企業の社員は、起業家に憧れるわりには起業家から遠かった。

彼らは企業の全体の仕事のうち、ごく一部のパーツしか担当していなかった。そのため、会社全体を見渡す感覚の欠けた人が多かった。全体性は起業家に必須の感覚である。大企業で小さなパーツの仕事だけ担当していたのでは、起業家に必須な感覚から離れてしまう。小さな会社でアレもコレも一人で担当し、能力を超える仕事を頼まれて日々限界に挑戦している人のほうが起業家に近い。起業家になるためには、大企業に就職してはいけない、起業家の修業をするなら小さな会社でジタバタと悪戦苦闘するのがよい、と思った。

安定した会社では毎月固定額で給料が振り込まれてくる。これが当たり前になると会社人間になり堕落が始まる。本来なら、自分のやった仕事の出来次第で給料は上がったり下がったりするのが正しい。出来高給こそが給料の基本なのに、大企業の社員は固定給が振り込まれることで会社に飼い慣らされてしまっている。しかも、振り込まれた金額を、自分の実力で稼いだ金額だと錯覚までしている。自分で金を稼ぐことの大変さがわからない人に起業はできない。

こうして、起業家に憧れても実際には起業家になれないタイプの人たちがほとんどであった。

残った九名と話をした。うち一名は今の会社を辞めることにこだわっていた。最優秀な人であったが、これまで育ててくれた会社への未練があった。起業するとは、将来へのリスクを取り、空間に自分の点を打つことである。現在の会社への未練が強いのでは将来への点が打てない。彼は自分の感情を整理できずに前に進めなくなっていた。本人が自分の価値で道を選択すべき時なのに、決めかねていた。人生では強さとタイミングが大事なのに、彼はタイミングがわからない人だった。かつ、自分の強い時期はいつまでも続くと信じていた。私は何て甘いんだと絶句した。人が旬の時期は短い。いつまでも旬の時期が続くわけはないのだ。人が旬の時には、何でもできる。チャンスに恵まれている時に走れるだけ走るのがよい。空のかなたにまで駆け上がれるチャンスは「いま」しかないのだ。「いま」の旬の時に走っておかないと扉は閉まってしまう。迷っている余裕などない。急がないと。時《チャンス》をつかめる人だけが扉をくぐり抜け、先に進むことができるのだ。

何名かのビジネスプランも聞いたが、その人にしかできない強さに乏しかった。そここそ優秀なプランであっても、本人に何の強さもないのでは勝負にならない。「あなたはそこで何をするのですか?」といつも私は尋ねた。いくら素敵な物語を構想したとしても、本人に強さがなければ居場所はない。優秀な他人と組んで自分を中心に据えても、彼に去られたら全てが終わってしまう。自分が強さを持たない限り、どんなに素晴らしい物語を構想しようとも絵空事に過ぎないのだ。

早く橋を渡ろうといっても、川の深さを測ろうとしたり、橋が潰れるまで叩く人が日本には多い。絶好のタイミングなのに迷って見逃す鈍い人もいる。自分が生きている動物的な感覚を総動員して鋭敏にしないと、起業家にはなれない。

チャンスの見える人が走る

私はライバルが参入してくる前にできるだけ多くの講座を開講して橋頭堡《きょうとうほ》を築こうとした。速いスピードで駆け抜ける必要があった。企画部を二つに分けると、それぞれが競い合いながら新規講座の開発に当たった。'85年に情報処理、'86年に宅建と社会保険労務士、さらに'87年には行政書士、'88年には英文会計の各講座が開講された。その中にあって、私は中小企業診断士に興味を抱いた。

私自身、経営コンサルタントになることに憧れたことがあった。実際に診断士の勉強を始めてみると、ビジネスに携わる人が身につけるべき最適の専門知識であった。マーケティングが試験科目に入っていることも気に入った。当時はM社が大手として市場に君臨していた。しかも受験人口も少なかった。私がTACで診断士講座を手がけることを提案したが却下された。会社は体力の限界に達しテンパッていた。削れるメンバーがいなかった。それでも、私には「自分が面白いと思う資格（知識）は必ず他の人も面白いと思うはずだ」

という強烈な思い込みがあった。今はまだ認知度が低いが、いずれ上がるはずだ、と将来を予感して診断士の行く末を高く買っていた。

偶然に私は知人から診断士のベテラン講師を紹介された。私はこのタイミングを逃してはいけないと直感した。私が責任を取ることを条件に強引に講座をスタートさせた。私はタイミングと限界を広げることを重視した。限界を広げる努力をしないと小さくまとまってしまう。小さくまとまらないために無理な要求をして会社の限界を広げた。スタート時は苦しかった。その後、私の予感したとおり診断士を勉強する社会人は急速に増えた。M社は教材を変えなかったが、TACはコンテンツのレベルを上げ続けた。やがて最大のライバルであったM社を抜き去ると、TACは診断士の合格者占有率を日本一にして診断士の最大の教育機関になった。

私は企画部が目を向けない市場に目を配った。次に私は公務員市場が気になった。公務員は資格とは関係なかったために別世界のものに見られていたが、市場は広大であった。かつ、法律系と出版系の強者が支配し、大学生が顧客であった。TACは大学生の市場に強かった。TACの今後の展開を考えた時に、この市場に手を打たないことはあり得ないと思った。いつもそうだが、新しい領域に私が手を出そうとする時、皆は尻込みした。人は基本的にリスクを取るのを嫌い、限界の前で立ち止まった。私はリスクがあることを面白いと思い限界を超えることを好んだ。私はこの市場に参入すべきだと思う時、いつも一人で強引に入り込んだ。リスクも限界も関係なかった。企画部は毎年新たな講座を立ち上げたために疲弊し切っていた。ライバルの強い市場に参入するだけの余力はなかった。そのとおりだった。それでも、私は「いま」がチャンスだと思った。チャンスの時に走らないと、時は過ぎ去ってしまう。時を逃がさないためにも、チャンスの見えている私が担当するしかないと思った。チャンスがそこにあっても、見えない人には追いかけられない。チャンスの見える人が必死になって追いかけた時だけ、チャンスを捕まえることができる。こうして、皆に嫌がられながらも、会社の体力の限界を超えて、私は公務員プロジェクトを旗揚げした。

私は社員を前にTACが公務員市場に参入する意義を説明し、社員の知り合いを紹介してくれるように頼んだ。新しい講座では、最初の年に受講生を集めるのが大変であった。まず社員から口コミで集めようとした。公務員という全く未知の領域へ会社の総力を挙げて船出しようとした。こうして'94年に公務員講座が開講した。ライバルが市場を牛耳る中にあって、TACは「遅れてきた青年」であった。タイミングはギリギリ間に合った。強力な教育機関が乱立する市場ではあったが、ＴＡＣは顧客の支持を集め、その後会社の柱の一つにまで成長させることができた。この公務員講座が私の手がけた最後の講座になった。

ＴＡＣは主要講座の開講を終えると、次に拠点を展開させた。私は縦軸と横軸という二つの軸を頭に描いた。縦軸には講座（商品）を置いた。まず、縦軸を有力な商品で埋め尽くそうとした。縦軸こそがＴＡＣの生命線であった。縦軸を強くし、商品数を増やすことに私は神経を集中させた。主要講座の開講に目途がついた'93年から、ＴＡＣは横軸つまり拠点を拡充させていった。縦軸と横軸の交差する面積が売上であった。ＴＡＣが設立以来、二十数年間にわたって増収を続けているのはこの縦軸と横軸の考えを実践して面積を広げてきたからに外ならない。

私の仕事を引き継ぐ

小さな会社を設立して自分一人で何でもやるのは大変なことであったが、おかげで鍛えられもした。日々、自分の能力を超えた仕事が要求された。それを何とかこなすうちに、私の力は高められた。人は次々に要求されることで、力を伸ばすことができるものだ。それでもＴＡＣが急速に拡大するにつれ、私一人で何役もこなすのは限界に達した。よき人に入社してもらい私の仕事を分担してもらわないと体がもたなかった。

私は社員や講師の給料計算や業者への支払い業務もやっていた。給料計算では秘密を守れるタイプの人でないと任せられなかった。毎月一五日に社員の残業時間を締めると一人一人への振込額を計算した。その時に会社の支給額から差し引く控除額を計算するのが大変であった。健康保険料の他に厚生年金や雇用保険の保険料があり、さらに源泉所得税や住民税もあった。これを全部、手で計算するのだ。コンピュータの登場する前の時代であった。毎月一人一人の支給額を電卓を叩きながら計算した。日中は会社で問題のヤマと格闘したため、給料計算をするのは深夜、自宅に戻ってからになった。自宅が経理部兼人事部になった。子供を寝かせた後で、私と妻は保険料や税金の数字を電卓で計算し表を埋めていった。日中の激務で疲れ果てた頭で、深夜まで社員と講師の給料を計算した。給料を間違えるわけにはいかなかった。表の縦欄と横欄の合計が合わない時には泣きたくなった。計算が合わずに早朝まで電卓を打ち続けた日もあった。その日は顔面が白くなり頭が動かなかった。私はいつも水鳥を思った。水鳥はスイスイと泳いでいるように見えても、実は水面下で足が懸命に水をかいていた。私は水鳥が懸命に足を動かす姿をイメージして自分を慰めた。O氏が入社して二年後の'83年に経理部を作った。O氏と秘密保持契約を結ぶと給料計算を任せた。あの時は、本当に嬉しかった。やっと解放されたと思った。

銀行の支店に入金されたお金を引き出すのも私の仕事であった。毎月初めに自転車で各銀行の窓口を回った。これもその後バトンタッチした。総務に関することは各部署で分担してやってもらっていた。管理部門をいくら作っても売上には関係なかった。そのため総務は作るのはギリギリまで先延ばしにした。それでも限界が近付いた。当初の「売上を生まない間接部門は最後まで作るのを我慢し一人一人に負担してもらう」という趣旨は社員が増えるにつれて薄れていった。ある日、私は女性社員に業者の清掃の仕方が悪いのを叱責された。私はどうしてこの人に清掃の仕方で文句を言われるのかがさっぱり理解できなかった。そのうち、彼女が「組織図上社長の仕事になってます」と言うのを聞いてようやくわかった。組織図では担当部署のない仕事は全社員が分担してもらう趣旨で社長の私につながっていた。私は、当初の会社の遺伝子が消えてしまったことを思い知らされた。'91年に総務部を作った。

一九八五年に開講した情報処理講座は売上が伸び悩んだ。個人客を中心に集客しようとしても、すぐに限界になり行き詰まった。試行錯誤する中で、実は法人を通しての申し込みが多いことに気付いた。それまでTACは大学生と社会人に商品を販売してきた。だが、実はそれ以外に法人という巨大市場があることを、この時に知った。法人事業部を新たに立ち上げて法人顧客向けのサービス提供を開始した。TACはこうして三つの市場を攻めることになった。第一が公認会計士講座で切り開いた大学生市場、第二に税理士講座で教育の原点から攻め込んだ社会人市場、そして第三に情報処理講座で気付いた法人市場であった。法人顧客に的を絞った情報処理講座は、その後順調に売上を伸ばした。法人向けの商品も開発して、法人事業部は法人客に浸透していった。

法人事業部ではTACのコンテンツ（教材）を地方の専門学校にも販売した。やがて、各地の有力な専門学校からＴＡＣのコンテンツを使った地元の「資格の学校」を作りたいと申し出があった。ＴＡＣは直営の拠点を大都市に展開したが、地方の中堅都市には展開していなかった。大学生やビジネスパーソンの集中する大都市には巨大なマーケットが存在した。

地理感覚のない地方では出店しても利益を生み出すのに時間がかかると思い手を打たなかった。一方で、地方の専門学校には地理感覚があり高度専門教育への情熱があった。このため、ＴＡＣは提携校事業をスタートさせた。こうして、ＴＡＣは日本中の都市にネットワークを構築することができた。

私と酒との関係

仙台二高の応援団にも、東北大学の洗心寮にも、酒豪が大勢いた。私は彼らの影響を受けて、酒には滅法強くなった。ＴＡＣに新入社員が入社すると、歓迎コンパを開いた。全社員が集まって浴びるほど飲んだ。まだ若かった私たちは底なしに強かった。私はよく食べよく飲んだ。日本酒を一晩で一升飲んでも平気であった。私の得意技は、日本酒の一升瓶をかついで回り社員とイッキ飲みを競争する荒技にあった。私が行くと皆逃げた。そのため、ＴＡＣの宴会は大騒ぎになった。「越乃寒梅」が売り物の飲み屋で宴会をしたことがあった。私たちは次々に越乃寒梅をイッキ飲みして飲み干していった。店の主人が怒った。「この酒はイッキ飲みするような酒じゃねえ。もう二度と来ないでくれ」それほど盛大に飲みまくり騒いだ。

飲むのは二カ月に一度くらいであった。それ以外の日は、仕事と真剣勝負をして夜遅くまで会社にいた。後に経営者仲間と話をする時に本人の馴染みの銀座の店に連れていかれることがあった。私にはそんな店は一軒もなかった。正しく言うと、銀座で飲むような時間は全く作れなかったのだ。毎日、仕事の大群と格闘していた私は、一日一日を戦うので精一杯であった。週末の土日も、その週の遅れを取り戻すために使った。今でもそうしている。そのため、飲みに行けるのは、会社の宴会がやっとであった。経営者仲間に馴染みの店に連れていかれると、よく飲みに行く時間が作れたものだと感心してしまう。夜、飲み歩くサラリーマンを見た時も同じことを思った。私は自分が生き抜くのに精一杯で遊ぶ余裕はなかった。私は「会社に一番本気で真剣に取り組み、皆の見えないチャンスや危機を嗅ぎ分ける」のが経営者の役割だと思っている。人の上にのっかって楽をしようとするタイプの人は、経営者に一番向かない人だ。

私はどんなに酔っ払っても自宅に帰るのが自慢であった。朝になって目が覚めるとなぜか自宅にいた。素晴らしい帰巣本能であった。その代わり、自宅では玄関に並ぶ靴の上で寝ていたり、壁の前なのに道があると勘違いして歩いていたりした。それが、ある時から自宅に帰れなくなった。最初は、自宅の玄関の扉の前で寝ていた。鍵を取り出そうとして、そのまま寝込んだらしい。これはまだ自宅にたどり着いたのでよかった。次は、近所の道端で寝ていた。気付くと、道を歩く人々の足が見えた。犬が黒い鼻でクンクンと私の臭いを嗅いでいた。ハッと起き上がると、見覚えのある風景だった。犬が驚いて「ワン！」と吠えた。自宅にたどり着けずにここで寝てしまい朝になったことに気付いた。それからも、自宅にたどり着けない事件が頻発した。

私は酔っ払った時に記憶が途切れるようになった。いくら思い出そうとしても途切れた記憶は戻らなかった。この頃の私は鞄も紛失した。道端で寝ている私は、持っていたはずの鞄も上着も荷物も全部なくした。宴会は給料日に開くことが多かった。私の鞄には下ろしたばかりの給料袋がそのまま入っていた。甚大な被害であった。

事件が起こった。私は暗闇の中を落下して全身を強打した。内臓が破裂しそうだった。しばらくして手足がピクリと動いたので生きていることを知った。起き上がると暗闇の中を歩いた。気がつくとガチャガチャと足の下で石を踏む音がした。ここは線路の上であった。私は一人で歩いていた。ふっと気がつくと鞄も上着もなくなっていた。ゆっくりと意識が戻ってきた。右手が熱かった。見ると右手の薬指と小指がぶらついていた。肉が裂け血が出ていた。線路の上を歩いている私は、生命が危なかった。電車が来たらひかれてしまう。私は苦労して道に出るとタクシーを拾い自宅に戻った。あの時、血だらけの私を乗せてくれたタクシーの運転手に感謝しなければならない。早朝であった。自宅のブザーを鳴らし妻にタクシー代を払ってもらった。妻は私の血だらけの姿を見ると仰天して大声を上げた。その日、私は右手を何針も縫う手術を受けた。現在でも私の右手の薬指と小指には、この時の傷跡がある。

私はどうしてこうなったのだろうと考えた。酒に強かったはずの私は、次々に失態を繰り返し、命まで危うくしようとした。いろいろ考えた挙げ句、ようやくある考えにたどり着いた。「私は酒に弱くなったのかもしれない」そう考えた時、これまで起こったことが全部つながった。私は莫大な損害をこうむって、自分が酒に弱くなったことを自覚した。

バブルの家賃高騰で窮地に立つ

ＴＡＣは設立以来、持たざる経営を実践してきた。不動産は一切所有せずに借りた。おかげで不動産の場所に縛られることなく、発想が自由になれた。私がＴＡＣを設立した一九八〇年頃からバブルが東京を直撃した。当時借りていたビルの家賃がジリジリと上がった。坪当たり@一万一千円が相場だったのに、@一万二千円になり次に@一万三千円に上がった。これで驚いていると、新築ビルの家賃相場が@一万五千円になった。年を追うごとに、家賃が上がった。一方で、物件には借り手が殺到した。普通なら、高過ぎる物件のはずなのに、これからもっと上がるかもしれないという思惑が先行して皆が手を挙げた。

私は神田の家賃相場が押し上げられて坪当たり@一万五千円を超えた時、目を丸くした。信じられなかった。会社の利益が家賃の上昇に吸収された。家賃の上昇は、その後もとどまることを知らなかった。@一万八千円になり、とうとう@二万円になった。ＴＡＣは急成長を続け、年率二〇～三〇％で売上を伸ばしていた。いくら教室を増やしても足りなかった。ところが、ビルのオーナーはＴＡＣに貸すのをためらった。まだ会社に総務のなかった時代である。ビルを探して大家と交渉するのは、私の仕事になった。私は授業の合間に駆け回った。大家は威張っていた。家賃が右肩上がりに上昇を続け、それでも借りたい人が殺到したのである。居丈高になるのも、無理はなかった。私がビルを貸してくれるようにいくら頼んでも、オーナーはいい顔をしなかった。「ＴＡＣは不特定多数の生徒が出入りする学校なので貸すのは無理です」とにべもなく断わられた。既存の借りているビルのオーナーからも苦言を呈された。「ＴＡＣの生徒が禁煙の場所でタバコを吸った証拠を発見しました。今後もこういうことが起こるようなら契約は中途で解約します」私は早速ビル回り部隊を作りタバコの吸い殻回収に当たってもらった。大家は超強気であった。私は、いつも平身低頭して謝った。当時、私の最重要事項はビルのオーナーの機嫌を損ねないように謝ることにあった。

私は「ＴＡＣを続けるのはもう無理かもしれない」と本気で思った。それくらいに不特定多数の生徒が出入りするＴＡＣは、ビルのオーナーに嫌われた。受講生に支持されて急成長するＴＡＣの前に巨大な暗雲が立ち込め、暗雲はすぐにＴＡＣを飲み込んだ。私は視界が全く効かなくなった。

当時の日本はバブルに踊った。東京だけでアメリカ一国が買える、とマスコミは自慢気に報じた。あの頃は皆がそう信じていた。銀行の担当者は当然のように不動産やゴルフ会員権に投資することを勧めた。担保さえあれば融資が受けられる異常な時代であった。多くの人が借金までして株や不動産を手に入れた。TACにも、不動産を購入しないかと多くの銀行から融資話が持ち込まれた。行員の鞄の中は不動産の物件情報で一杯であった。それでも、私にはどうしてもわからなかった。どうして、東京がアメリカ一国より地価が高いのだろうか？　私には、いくら考えても理解できないことだった。皆の言う常識には嘘があると思っていた私は、いくら融資話がきても断わり続けた。ある時、銀行員が私にゴルフ会員権を持ってきた。四千万円の会員権を融資した金で買ってくれれば、即四千五百万円で次の人に売却する。一瞬で五百万円が儲かる「とてもいい話」だと自慢した。私は「ゴルフはしない主義なので会員権はいらない」と断わった。担当者は「会員権は次の人に渡るから残りません。お金が儲かる話です」と叫んだ。私には全く興味がない話ですと取り合わなかった。それからである。私は銀行から「奇人・変人」と呼ばれるようになった。あの当時、バブルに踊らない人は、軽蔑された。私は、経営者が株や不動産に投機して会社をリスクにさらすのは許されないことだと思っていた。

私の妻の実家は日本橋にある。小学校時代の妻の同級生の女性たちのうち何名かが結婚のタイミングを逃して実家の手伝いをしていた。この時期、日本橋に土地を持つ一人娘たちに次々に婿が来た。立派な男性たちが、土地付きのかなり妙齢な一人娘たちに求婚した。バブルの時、世の中では不動産と株が一番価値あるものに思われた。日本人は一億総不動産屋になり投機に狂った。私はバブル崩壊後、ある銀行の頭取に「どうしてあんなことをしたのですか？」と尋ねた。彼は長い沈黙の後「時代がそうだったのです」と「空気」のせいにした。ＴＡＣはこの時期、家賃の上昇と大家の追い立てに苦しめられた。私は夜も眠れないほど追い詰められた。「このままではＴＡＣは存続できなくなる」と強烈な危機感を抱いた。

会社が泥舟だったことに気づく

バブルの時期、日本人は皆浮かれていた。一方で、右肩上がりに上昇し続ける家賃は私を苦しめた。私の手掛ける教育ビジネスの本質がスペース産業にあることを、この時に思い知らされた。受講生を集客して教育する前提に空間が必要であった。人件費と賃借料と教材費の三大費用項目のうち、賃借料が上がり続け、利益は急速に減少した。私はビルのオーナーに家賃を貢ぐために事業をやっているように思えてならなかった。利益で残るはずの部分が、家賃に食われた。「もはや、ビルを借りて事業を継続するのは難しい時代になった」バブル最盛期に私はそう感じた。「皆と同じことをするとひどい目に遭う。自分で考えて道を選ぶ」のが私の主義であった。バブルの時もそれを通してきた。おかげで銀行から私は奇人・変人と呼ばれた。その私ですら音を上げた。このまま家賃の値上がりが続くようなら、土地を購入して自社ビルを建てるしか道はないと思った。既存ビルのオーナーは「TAC に貸して失敗した。不特定多数の生徒が出入りする学校とは今後契約できないようにする」と私を目の敵にして追い出しにかかった。ビルに落書きがあるだけで私は呼び出されて厳重注意を受けた。イエローカードが何枚も発行された。レッドカードが目前に迫った。

この時、私は精神的に追い詰められた。本当はどうしたらよいかが誰にもわからなかった。私は意思決定を迫られた。現状は悲惨であった。新築ビルへの入居は拒まれ、既存ビルからは追い出されようとしていた。自社ビルを建てる岐路に立たされていた。ある日、九段に物件を所有する会社から直接売却する話が持ち込まれた。超高額な物件であったが場所はよかった。先方が売り急いだため、話は急テンポで進んだ。契約日になった。関係者が一堂に集まり私が契約書に印鑑を押そうとした時、一人の男性が飛び込んできた。彼は不動産業者と名乗った。彼に専任契約があるのに直接TACと売買契約を結ぶのはルール違反なので、自分に手数料を支払うように要求した。私は彼の熱演を見ながら、急に馬鹿らしくなった。「やはりやめます」と言って一切を白紙に戻した。相手の会社の社長も不動産業者も、目を点にして私を見た。懸命に取りなしたが、すでにその気は失せていた。バブルの崩壊が始まったのは、それから数か月後のことであった。逃げ切ってゴールするかに見えた人たちが、ゴール直前の最終コーナーでつまずき転倒した。やはり世の中はちゃんとできている。私は神様の采配に感激した。

異常な時代が去った。それにしても、TACはあの時、危なかった。地獄に落ちる寸前で踏みとどまった。あのまま契約していたら、TACは莫大な借金を背負うところであった。地価は暴落し、借金して不動産を購入した個人や法人に多額の借金が残った。地価の下落に合わせて家賃も下落に転じた。私を苦しめたビルのオーナーは優しげに変身し「TACさんには、いつまでもお使いいただかないと」と笑顔で私に挨拶するようになった。人は平気で掌を返すものである。

バブルが崩壊した後、金融不安が起こった。'97年一一月には山一證券が破綻し、北海道拓殖銀行も破綻した。倒れるはずがないと皆が思い込んでいた巨大金融機関が沈没した。大企業や金融機関で働く人々の間に激震が走った。寄らば大樹の陰と思っていた大樹が、実は泥舟であったのだ。自分の勤める会社も泥舟かもしれないと不安に思う社会人が急増した。こうした不安を背景に、会社に寄りかかるのではなく個人に力をつけようとする動きが起こった。TACで資格を取得しようとする社会人が急増した。'98年に二万七千名だった社会人会員は、'99年には四万六千名へと七〇%も増加した。同時期の大学生会員の増加率が二四%であったので、いかに社会人の増加が激しかったかがわかる。それ以降も社会人会員は増え続け、六年後には九万名を超えた。私はＴＡＣを設立した時、いずれ社会人が自分に力をつけるために資格を取得する時代がやってくるかもしれないと予感を抱いた。だが、まさかバブルの崩壊がＴＡＣの業績を押し上げるとは思ってもみなかった。

人生の分岐点はどこだったのか

'90年代に入りバブルが崩壊したことで金融機関は大量の不良債権を抱えた。長銀も日債銀も消滅した。かつての名門銀行が一瞬で沈没した。日本の銀行は威張り過ぎていた。行員の給料は驚くほど高いくせに仕事のレベルは低かった。慇懃無礼で、上には媚びへつらい下には厳しかった。相手を見てコロリと態度を変えた。自分で考えることができずに特有の匂いを放っていた。銀行員が高給を取って威張るような社会はろくでもなかった。さらに拓銀が破綻し山一證券までもが破綻した時、金融界はパニックに陥った。

長銀の時、私は彼らが墓穴を掘ったと思った。自分の成績を上げるために彼らは何でもやったからだ。一方で、TACは山一證券の研修を担当し彼らをよく知っていた。TACは山一社員の再就職先として名乗りを挙げた。私は彼らの面接を担当しながら、大企業という幻想の世界から突然現実に落下したサラリーマンの悲哀を間近に見た。一人一人が人生に苦慮していた。あると思っていた山一證券が消滅した心の空白は、埋めようがなかった。皆が心に大きな傷を負って面接に臨んだ。私は、彼らの心の中に占めていた大企業の存在の大きさを知り、同時にそれが紙クズになった時の弱さを見た。私は希望する人全員にTACに入社してもらった。

私の高校時代や大学時代には、優秀な同級生が大勢いた。優秀な連中の多くが銀行を目指した。当時、日本の銀行は世界一強かった。あれだけ優秀な連中が就職したにもかかわらず、日本の銀行はバブル期に踊った。バブルの時、銀行は個人や法人に湯水の如くに貸しまくった。そのため地価は上がり続けた。人々を煽動し人生を狂わせた銀行の罪は重い。日本の銀行には優秀な人を無能に変える野蛮な文化があるようだ。私は今でも就職を前にした大学生に、日本の銀行に就職すると無能になるからやめなさいと忠告している。日本の銀行は不良債権で身動きがとれなくなり瀕死の重傷を負った。日本経済が重い病に臥した。

私は日本が高度成長の時に、花形であった大企業に就職しなかった。皆が大きな船に乗り込む中にあって、一人だけ小さな舟に乗り帆を上げ風の力で大海に漕ぎ出そうとした。誰もが豪華客船に乗る中で、私は異端者と見なされ奇人・変人扱いされた。それから三十年が過ぎた。時代が大きく動いた。今になってみると、私の生き方が一番正解であった。

大企業に就職した級友たちは、途中から精彩を欠いた。当初は、彼らの人生曲線が、私よりずっと上にあった。社会的にも彼らは尊敬されエリートであった。一方で、私は人生に悪戦苦闘してヒドイ目に遭っていた。ベンチャー経営者の時代でも私は生きるのに精一杯であった。一日一日を全力で格闘して生きた。TACがジャスダックに公開したのは、私が五十歳の時であった。ここで初めて、私は彼らを逆転できたと思った。それ以降、私の人生曲線は右肩上がりなのに、彼らの曲線はスピードが鈍化し右肩下がりになった。サラリーマンには定年がある。五十歳を過ぎた頃から彼らには定年という終点が見えるようになった。「大企業に就職して安全で確実な人生を送るのが面白いのか？」私は三十年前に同級生に問うた。私は彼らにさんざん「甘い」と指摘された。両親にも「頼むから新日鉄に就職してくれ」と何度も頼まれた。それでも私は自分の思うとおりに生きようとした。たった一回限りの私の人生なのだから、自分にしかできないことをして、自分の可能性に賭けようと強く思った。私が本気で真剣に全力で生き切ることが、私の望む人生だし、その姿を見て両親も幸せになるはずだと思った。こうして、私は両親の期待を蹴って、自分だけの人生の実現に向けて難路を選んだ。あの時、もし両親の言うとおりの道を選んでいたら、私は多分一生両親を恨むだろうと思った。自分で分岐点に立っていることがわかった。ここでどちらを選ぶかで、私の人生が全然別のものになると思った。

昨年、高校の同窓会が仙台で開催された。久し振りに同級生に会った。飲みに行った時に尋ねられた。「昔は同じ所にいたのに、どこで違ったのかな？」仙台に残った同期の優秀だった公務員が問うた。確かに、彼と私は昔同じ所にいた。就職の時に道が分かれた。彼は組織に運命を預けた。私は運命の主導権を自分が握った。小さな舟が沈まないように、いつも目を凝らして空を見張り風を読んだ。舟を自在に操れるように腕力を鍛えた。舟の真下には何千メートルもの深海があった。

私が皆と違う道を選んだ理由

私は大学生の頃､世の中は波のようなものだと思った。たとえ、今頂点に立つ企業であったとしても、時代が動けば頂点から脱落する。今頂点にある会社を選ぶことはリスキー極まりないことに思えた。同級生が必死になって優秀な大企業を探す中にあって、私は悠然と構えた。現在いくら優秀であっても、現在が将来につながる保証はない。逆に没落する可能性が高い、と私は思った。だが、大多数の同級生は、現在見える世界の延長線上に将来を見た。そして、世界の全部がわかったフリをした。将来がそんなに簡単にわかるはずなどないのに、目先の現実をどこまでも拡大して解釈した。

私は「将来は今とは違う世界になる」と謙虚に思った。「将来はもっと人間らしい世界になるだろう」と夢とロマンを抱いてイメージした。「会社ではなく個人が中心の世界になる」これが私の漠然とした将来への予感であった。私は「将来、時代と出会いたい」と強く願った。時代はぐるりと湾曲し弓状に曲がってやってくる。私は次の時代の匂いを嗅ぐため、感覚を鋭敏にした。

前の時代にあてはまった成功の方程式が、次の時代のパラダイムになった。私が大学を卒業する頃「大企業に入社すること」がパラダイムとして信じられた。個人はどこまでも弱く、大企業が圧倒的に強かった。日本の大企業は二度のオイルショックをも乗り越え世界を制覇するほど強くなった。一方で、大企業は傲慢になった。日本経済は、そのままバブルへと突入していった。十年かかってバブルが崩壊すると、それまでのパラダイムが崩壊した。勝ち組企業が、一転して負け組になった。

私は「運命の主導権を自分が握る」ことにこだわった。自分の運命なのに、他人に支配されるのだけは絶対に避けようと思った。同級生は私に言った。「大企業に就職すれば幸福になれる」「大企業の一部でいいじゃないか」「どうして一人で苦労しようとするのか」そのどれもが私の哲学とは異なっていた。私は「世の中は君が思っているほど甘くない」と大勢の人に説教された。それでも、せっかくこの世に生まれた以上、自分の腕試しをしたいと思った。苦労なら、買ってでもしたかった。どんなに困難なことがやってこようとも、私は楽しもうと思った。どうすれば困難を克服することができるのかの答えを見つけ出して、突破することが私の最高の楽しみになった。私は大学時代に多くの経験をし自分を発見して強くなっていた。

日本人はリスクを取ることに臆病だ。これからベンチャー的生き方を始めようとする私に、皆が寄ってたかってやめさせようとした。決まって「世の中は君が考えているほど甘くない」と脅迫した。だが、果たしてそうなのだろうか。私はさんざんそう言われたのに、うまくいった。逆に、そう忠告した人の人生は、当時思っていたほど輝いたものにはならなかった。「キミは甘い」と私に説教した人々のほうがよほど甘かった。彼らは、その時の「見える世界」だけで判断した。だが、「見える世界」の背後には「見えない世界」が横たわっていた。彼らに現在は見えても、将来の匂いを嗅ぐことはできなかった。世界を決めつけることほどリスキーなことはない。時代は、ある時に大きな「うねり」となって動くからだ。

私には価値が明確だった。「いま」しかできないことを優先させた。「後」でもできることを先にしなかった。「私」にしかできないことを優先させた。私以外の誰かができることはやらなかった。つまり「いまの私」にしかできないことだけを徹底して追いかけた。そのため、シナリオライターになる夢はI君の腕が上だったためにやめた。マンガ家になる夢も、私より上手な人がいたために諦めた。

次に「物語が描ける」ことを重視した。いくらよいヒントがあったとしても、物語がうまく描けない場合があった。途中で行き詰まるアイディアは捨てた。最後に、将来の時代の「匂い」に合っているかどうかを嗅いで確かめた。時代の匂いに合っているものだけに絞った。こうして私は、皆とは違う道を選んだ。

洗心寮の手引き

私が大学受験の時、東大の安田講堂を過激派が占拠し、東大入試が中止になった。まさかと思うようなことが現実に起こった。東大を受験するつもりだった高いレベルの受験生が他の国立一期校に殺到したため、東北大学も難関になった。現役の受験生の多くが浪人した。私もその一人であった。

大学紛争の嵐は、ようやく東北大学にも及んだ。翌年、私が東北大学に入学すると、ヘルメットをかぶった学生たちが教授をつるし上げた。五月に全学無期限ストライキに突入すると、キャンパスに機動隊が導入された。機動隊は、バリケードで封鎖する学生たちに放水した。バリケードの内側からは火炎瓶が投げられた。学生の中ではセクト同士の争いが激しさを増した。荒れる大学の掲示板で、私は座禅会のポスターを目にした。マルクスもサルトルも毛沢東も、私には違うと思えてならなかった。革マル派や中核派の唱える革命の叫び声は、私の魂に届かなかった。みんな違うと思う中で、私はたまたま参加した座禅に心が惹かれた。偶然ほど不思議なことはない。

人里離れた陽山寺に、峨山《がさん》和尚という老師がいた。私は自然と一体となって生きる老師の姿に目を見張った。座禅会に参加した人たちの中に、教官の片野先生がいた。皆が老師の語る一言一言に耳を傾け心から聴いていた。座禅では、一人一人が命懸けで座った。自分と対峙するかのように向き合い、黙々と座った。言葉は一言も発せられることなく、禅堂の中は静寂と緊張に包まれた。私は老師から公案をもらった。正直なところ、まったくわからなかった。「右手と左手を合わせれば音がする。それでは片手（隻手《せきしゅ》）ではどんな音がするのか聞いてきなさい」これは隻手の公案と言われる。この公案を抱えて座禅するのだ。私には皆目わからなかった。だが、わからないことの向こうには悟りの世界があることを直感した。夜、老師に呼ばれて「どうじゃ、わかったか？」と真剣に聞かれた時にそう感じた。

私は自分の価値を持たない限り生きることはできないと思った。自分の哲学の基本を座禅に求めることを決めた。洗心寮の説明をしてもらった。毎朝六時から一時間、座禅と読経をして共同生活を送っていると説明された。私は自宅を出ると洗心寮にころがり込んだ。この洗心寮での四年間が、私の人間としての原点を形造る時期になった。洗心寮には、非凡な人が多くいた。その人々と接したことで、私の人生の考え方に大きな影響が与えられた。洗心寮は素晴らしい空間であった。偶然に洗心寮に入れたことで、私は多くのことに気付かされた。週末になると皆が一つの部屋に集まり人生について真正面から議論を闘わせた。私は議論を聞きながら自分の頭でなぞって考えた。自分の座標軸を作ったのがこの時期だった。寮を卒業して実社会で働きながらも格闘するY先輩の話は醍醐味があった。同期のM君からは塾でのアルバイトを紹介してもらった。こうすれば塾を経営できるという「手引き」となる貴重な体験を積むことができた。私が岩波文庫を多読するきっかけを作ってくれたのはY君であった。

洗心寮の寮費は驚くほど安かった。朝食と夕食が用意され賄い付きであった。私は一体どうやって洗心寮が成り立っているのかが不思議でならなかった。ある日、寮の裏手に出た私は、寮が立派な日本庭園につながっていることを知った。洗心寮は小野寺氏の邸宅の片隅にあった。私は、小野寺信雄氏が寮のオーナーであることを初めて知った。

小野寺氏は宮城県気仙沼市にある大手建設会社の社長であり、県議として要職を占めていた。座禅では大森曹玄老師に師事し居合いの達人でもあった。氏は、決して威張らずに寮生に温かく接してくれた。私は小野寺邸で酒を御馳走になった時、ナポレオンを高価な酒と知らずに飲み干した。皆ギョッとしたのに氏は高らかに笑ってくれた。氏に居合いを見せてもらった。真剣が持ち出された。空間に緊張感が張りつめ、皆が生ツバを飲み込んだ。居合いをする氏の周りにオーラが輝いた。私は実業と政治の両面で前進し続ける小野寺氏を見て「いい男だな」と内心で慕った。氏は私の人生の手引きになってくれた。

禅の言葉が私を鍛えた

空白の原稿用紙を渡されて、ここに自由に書きなさいといわれても、モデルが何もないので困ってしまう。最初の一行が書かれていると、それが手引きとなり安心して続きを書くことができる。人生でも、自由に好きなように生きていいと言われても、自由過ぎて困る。やはり手引きがあると随分と物語を作りやすくなる。洗心寮には多様な人々がいた。吹き荒れる学園紛争の最中に座禅をする人たちである。数こそ少ないが、猛者《もさ》であった。老師も小野寺氏も片野先生も、そして寮生も先輩も、皆不思議な世界にいた。もっというと、洗心寮は私のために門を開けていてくれた奇跡的な空間であった。

小野寺氏の日本庭園には、庭師の老人がいた。何年もかけて庭園を手掛けていた。完成するまであと三年はかかると言っていた。奥様は茶に通じ、庭には遣水《やりみず》が流れ、その向こうには茶室と腰掛待合があった。奥様から庭の柿の実を採るようにと依頼があった。私たちは書生でもあったので、すぐさま柿の実採りに駆けつけた。奥様は二点を注意した。一つは、鳥たちが柿の実を食べに来るので、全部採らずに鳥が食べる分を残すこと。第二に、庭の景観を考えて美しくなるように残すことであった。この二点目が難しかった。どの柿の実を残せば美しいのかは、高度な美意識によった。思わず手が止まった。これは公案以上に難しいと思った。もいだ柿の実は皮をむくと、廊下につるした。この干し柿を一日一個食べるのが、私の何よりの楽しみになった。

小野寺氏は多忙で体を酷使していた。それでも、小学生だった二人のご子息を見る時の目は優しかった。深夜になって帰宅する車の音が聞こえた。当時、氏は実業と政治の両面で駆け上がっていた。その後、氏は県議会の議長を務め、宮城県知事選に立候補した。しかし、僅差で敗れて気仙沼に戻った。氏は仙台を去り、寮も閉鎖になった。

昨年一二月に寮の後輩から手紙が届いた。小野寺氏が亡くなられた訃報であった。その後、氏は気仙沼市長となり、在職中に入院して亡くなられたとあった。私は洗心寮での四年間があったおかげで、何とかなった。私の生きる原点をつかむことができた。その寮は、小野寺氏の恩情と志に支えられていた。私は人生の恩人に何のお礼も言えないまま別れたことを、口惜しいと思った。私は自分が生きるのに精一杯だった。いつも精一杯に生きてきた。今でも、そうだ。私は洗心寮との偶然の出会いがあったために、人生の本当の姿に目覚めることができた。

洗心寮で座禅をしながら、私は禅の言葉を学んだ。この時に学んだ禅の言葉が、その後の私を鍛え、支え、導いてくれた。隻手の公案（片手の声を聞け）では、自分と対象とが一体になり切る境地が求められた。私は公認会計士の受験生の時に、受験と私が一つになる境地を求めた。ベンチャー起業家の時代には、TACと私が一つになり切ることを求めた。一つになり切った時、初めて世界が動いた。「莫妄想《まくもうぞう》」では、不安で心を動かすことなく、自分のやるべき本来のことに直接に向き合うことが求められた。北条時宗が元の大軍と戦う時に受け取った公案も同じ種類のものである。逃げずに真正面で敵と対峙し、戦い、突破することでしか問題は解決しない。私はベンチャー起業家になった時、見渡す限りの敵の中にいる自分を知った。その時の私を励ましてくれたのは、この言葉であった。私は決して逃げないことを自分に誓った。

「仏に違うては仏を殺す」これは臨済の公案だ。物事の本質を考えて判断する時、常識は関係なくなる。世間の言う常識に縛られて発想の枠を狭めてはならない。仏の格好をした権威や常識とは闘わなければならない。自分なりの人生を生きようと思った私は、いつも権威や常識と闘い続けた。闘いながら、私はこの言葉を心の中で唱えた。世間の人々は仏の顔をしながら、私に襲いかかってきた。私はまっすぐ進むことだけに集中した。

「自灯明」は釈尊の最期の言葉である。他人はいろいろなことを言うが、本気になって真剣に考えて話している人はわずかしかいない。自分の中にいる本当の自分に尋ねて答えを出して進まなければならない。「前後際断」とは前（過去）と後（未来）を断ち切り、現在に集中して生きることをいう。「いま」という瞬間を最大限に生き切る哲学になる。

私には「言葉」があった。その「言葉」と真正面で向き合い、体ごと意味を尋ねた時に、どう行動すればよいかが見えた。私は「言葉」により生かされた。

英国パブリックスクール事情

'04年六月に経済同友会の欧州ミッションで英国のパブリックスクールを見学した。ロンドン郊外にあるトンブリッジ校は著名な全寮制の中高一貫校である。ここでは定員の五％までが外国人枠として認められていた。二名の日本人学生のうち、五回生（高二）になる日本の若者が私たちを案内してくれた。好青年であった。彼の父は英国赴任中にパブリッククスクールのことを知った。日本に帰国した後で、彼は難しい入学試験に合格して中学の時から寄宿舎生活を始めた。祖父が資金援助をして高額な学費を払ってくれた。彼は日本の教育について否定的だった。「消極的でつまらない」と評価が低かった。それに対して、英国の教育は「刺激に満ちて自分がどんどん変われる」と誇らし気に語った。「そんなに英国の教育はいいのですか？」と尋ねると彼は寄宿舎のことから話し出した。英国教育の根源は寄宿舎にある。寄宿舎では各学年から一名が各部屋に割り当てられて、六名が相部屋になる。学年も出身地も志望する大学の学部も異なる六名が一つの部屋で寝食を共にする。自分を育ててくれた親元から離れて異質の若者同士が影響を与え合うのだ。私は彼の説明を聞きながら「まるで人間の溶鉱炉みたいだ」と思った。子供は家庭にいると過保護になり自立できなくなる。感受性の一番強い年頃の男子を集めて方向性を与えると、相互に影響し合って変身を遂げる。私は寄宿舎で生活する学生は、サナギの時期をここで過ごすのだと思った。

彼は五回生なので部屋を仕切っていた。「昔の僕みたいな新入生が部屋に入ってくるので教えるのが大変です」と楽し気に語った。部屋の上級生は下級生の面倒をみなければならない。こうして擬似兄弟ができ上がるのだ。試験が終わると、学生は一週間強制的に職業に従事させられた。卒業生の働く職場がインターン先を引き受けてくれた。彼は先月、銀行で働いた。他の行員と全く同一の仕事を担当した。学校は試験が終わるたびに、学生をさまざまな職場に送り出した。ある時は農夫に、またある時は店員になった。なり切って職業に就くことは大事な経験になる。本気で体験することで働く意味を実感できた。

中学の三年間はシェイクスピアが必修科目にされ、英国式教養のベースになった。運動ではクリケットとラグビーとボートが強制された。体を鍛えチーム力を発揮することが重視された。音楽では自分の好きな楽器で一曲弾けることが要求された。彼は音楽に苦しめられていた。「演奏できるまで許してくれない」とこぼした。

学校では演劇に力を入れていた。学校のホールでは劇が上演されていた。役を演ずることと、チームで上演することの両方が重視された。彼はドラマを上演した時、共に成し遂げる素晴らしさを知ったと嬉しそうに語った。また、外国語は二カ国語が要求された。選択した外国語の国へ年に一週間以上旅することが義務づけられていた。彼はスペイン語とイタリア語を選択したので、毎年一週間ずつ現地で暮らした。学校には礼拝所があり、神への祈りが捧げられていた。

私は英国の教育の伝統の強さを思い知らされた。中でも寄宿舎は豊饒な可能性に満ちた空間であった。日本の教育は表層だけに終始し幅が狭かった。一方で、英国は教育の目的が明確だった。「英国紳士をつくる」ことがパブリックスクールの使命であった。自立し、自己犠牲を恐れず、リーダーとなる市民を育てることに主眼が置かれた。そのため、学業は全体の三分の一でしか評価されなかった。音楽も運動もチームワークもできなければ、紳士たりえないのだ。日本の教育の現状は惨胆たるものがある。どこまでを教育として取り上げるかが、日本と英国とでは違っていた。一人の人間を紳士にする全人的な教育が、英国では実践されていた。

私がかつて学んだ東北大学の洗心寮は英国パブリックスクールの寄宿舎をも凌ぐものであった。奇跡的な空間が、私のために開かれていた。私は一本の糸で導かれたかのように偶然の不思議で寮に出会った。老師が中心点にいた。小野寺氏が強力にサポートしてくれた。寮生は一対一で老師に向き合い、公案に取り組んだ。私は溶鉱炉のような空間で、寮生に手引きされて自分なりの考えが持てた。私はサナギの時期を洗心寮で過ごしたために同級生とは全く違う道を選ぶことができた。

台風の日の昼食

昼食をどこで食べるかで悩む人がいる。私はそういうことには一切悩まないことを主義にしている。一度気に入った店ができると、毎日迷わずその店に通うことにしている。

私が最初に通い詰めたのは中華料理店であった。定食がAからDまで四通りあった。内容が毎週変わったため、毎日順番に注文して金曜日にはその週で一番美味しいと思った料理を注文した。中華料理はさすがに美味しかった。来る日も来る日も昼食に中華を食べ続けた。二年が経ったある日、私は体の中に油が充満していることに気付いた。油が口の近くにまで押し寄せていた。その夜、私は油の中を泳いでいる夢を見た。それからしばらくの間、私は中華料理を食べることができなくなった。

神保町に学士会館がある。当時は地下に食堂があった。スープから始まるランチはデザートにアイスクリームが付いた。甘党の私はランチのファンになった。高知から知人のY氏が上京した。私は学士会館でご馳走した。エビフライを食べた時、Y氏は口からバラバラになった黒い物体を吐き出した。見ると、ゴキブリの残骸であった。フライにする時、ゴキブリが小麦粉の中に紛れ込んだらしい。Y氏は気持ち悪そうに舌をペペペッとし私も一緒にペペペッとした。それ以来、学士会館の地下食堂に行くのをやめた。

駿河台下の銀行の裏に元禄寿司の店があった。次に私は寿司にはまった。ひたすら通い詰めた。私は席に着くと、いつも同じ順番で注文した。すぐに馴染みになった。私が席に着いただけで、いつもの順番で寿司が握られてきた。しかも「まぐろ」は「とろ」であった。イカでもアジでも二つ分のネタがのせられていた。私は「はまちのたたき」が一番の好物であった。「世の中にこれほど美味しい料理があるのか」と思うほど、寿司は旨かった。それから二年が経過した。ある日、私は体の中に塩が溜まっていることに気付いた。舎利は白飯に酢と塩を混ぜて作る。二年間も毎日寿司を食べ続けるうちに、舎利の塩分が体に溜まったらしい。私は日に日に塩分が気になった。塩は体内に蓄積され、とうとう私の口の近くにまで押し寄せてきた。私は塩の中に体が埋まりもがいている夢を見た。夢の中で、私の口の中に塩がなだれ込んでいた。あれだけ大好きだった寿司なのに、全く食べられなくなった。

次に私はタイ料理にはまった。神保町交差点にある店のファンになった。昼食では最初に魚介類のサラダが出された。エビとイカとタマネギのサラダだった。タイ風オムレツがメインであった。私は例の如く雨の日も風の日も、タイ料理店に通い詰めた。'93年、TACは神保町から水道橋へと本社を移転した。それでも私は水道橋から神保町までタイ料理の昼食を食べるために通い続けた。その年、台風が東京を襲った。日中から暴風が吹き荒れ、大雨がバケツで叩きつけるように激しく降った。道路が水で溢れた。さすがの私も、その日の昼食をどうするかで迷った。いつものようにタイ料理店に行くのか、それともパンと牛乳で済ますのかを決めなければならなかった。暴風と暴雨で外は大荒れであった。私はそれでもタイ料理店の人々が私のために店を開けてくれているような気がしてならなかった。行かねばなるまいと思った。会社を一歩出ると、外は暴風雨であった。私は神保町まで決死行を試みた。強風が荒れ狂い、いろいろな物体が飛んできた。四角い看板がゴロンゴロンと吹き飛ばされてきた。雨は前後左右からバシャン、バシャンと容赦なく叩きつけた。ようやく神保町の交差点までたどり着くと、そこはまるで運河のようであった。私はズボンの裾をまくり上げて渡った。ビルの前には土嚢が積み上げられ浸水を防いでいた。

何とかタイ料理店にたどり着いた。中は暗かった。ドアを開けると、人の気配があった。

人々の目が一斉に私に注がれた。すぐに歓声が上がった。照明がつけられた。マスターはじめ馴染みの店の人たちであった。皆、拍手で私を迎えてくれた。「店を開けるかどうかで迷いましたが、斎藤さんが来てくれるはずだと信じて待っていました。よくぞ台風の中を来てくれました」そうか、マスターも迷っていたのだ。私がタオルで頭と体をふいているると、目の前に超特大のオムレツが運ばれてきた。オムレツからは旨そうに温かい湯気が立ち昇っていた。

要医師相談

私が二十歳の時、三十歳の年齢はずっと遠くにあった。いくら手を伸ばしても届かないくらいに遠かった。それでも、三十歳はやってきた。まさか、と思ったが、本当に三十歳になっていた。その時、ひょっとしたら四十歳になる日がやってくるのかもしれないと漠然と思った。それから時が過ぎて、私はあっという間に四十歳になった。

私は二十歳代から、ずっと睡眠が三時間の生活スタイルを通してきた。私は目覚めてから意識のある時間の総計が、その人の人生の量だと思っている。私は一日を一番有効に使った人が勝つと思った。体力に自信のあった私は、野蛮だが原始的なやり方で競争に勝とうとした。前提にあったのが私の体が強靭であることであった。私は自分が中年になるとは考えもしなかった。物理的な年齢を認めようとしなかった。そのため、私の定期券の年齢欄は四十三歳になったいまでも三十五歳である。時間が三十五歳で止まり、そこから動こうとしないのだ。

私は体に無理を強いて生きてきたので、四十歳ぐらいでコロリと死ぬだろうと勝手に思い込んでいた。ところが、そうはならなかった。四十歳を過ぎても生きていた。その代わり、どんなに酔っても必ず自宅にたどり着いたのに、たどり着けなくなった。ようやく、私は酒に弱くなったことを知った。会社の健康診断を受けた時、「要精密検査」と「要医師相談」の報告書が送られてきた。私の体は強靭だという信仰が根底から揺らいだ。血圧がかなり高かった。肝臓の数値もひどく悪かった。尿からは蛋白が検出された。心臓には不整脈があった。黙々と私の体を支えてくれていた無言の臓器たちが睡眠不足とストレスで疲れ果て、叫び声を上げていた。

私は人生を短距離走のイメージでひたすら駆けてきた。いつ死が襲いかかってもいいように、全力で駆けに駆けた。限界がやってきても、そこからが勝負だと思いさらに全力で疾走した。それが私の生きる流儀であった。青年時代、私は人生の重たい荷物をかついで、当時の地の果てのような（独立戦争直後の）バングラデシュを一人で放浪した。ダッカで同じ日本の大学生の死骸に出会い、生と死が紙一重の差でしかないことを知った。それから、私は生き急いだ。短期間に全力疾走して行けるところまで行くことが私の人生のイメージになった。遮二無二駆けてきた私の体は、気付いた時、ボロボロになっていた。

私は、人生を長く生きようと考えたことは一度もなかった。ただ、私を育ててくれた両親より先に死ぬことだけはやめよう、順番だけは守ろうと思っていた。

健康診断の結果を見ながら、私の人生のイメージを根本から見直そうと思った。人生を短期で考えるのはやめて、長期で考えようと思った。もう一度、私は新しい人生のイメージを構築しようとした。

私の仕事量は依然として膨大であった。医師から精密検査を強制されても無理であった。私の価値は、TACが第一優先であった。私の健康の順番はずっと下だった。精密検査のために私が会社を抜けたら、会社が回らなくなってしまう。私は医師に自分で何とかするから大丈夫と答えて去った。

頭の中がグルグルと回った。どうすればいいのだろうか。腎臓も、肝臓も、心臓も、血管も悲鳴を上げていた。とにかく、自力で治そうと思った。そのための私の答えは、よく眠ることと運動をすることと食事の量を減らすことであった。これを新しい私の生きる流儀にしようと思った。それまで深夜三時過ぎに就寝したのを、二時には寝床に就こうとした。夜食も全廃した。風呂に入るのも、カラスの行水はやめて我慢してお湯につかろうとした。そして、私は運動にジョギングを選んだ。血圧を下げるにはゆっくり走るのがよい。

私は「健康」を自分の第一の価値にして、もう一度生き直そうと決意した。初めの頃は、早朝に走った。だが、就寝時間の遅い私は、早朝に無理に起きると、体調が狂ってガタガタになった。これは駄目だ。方針を変更して、夜に走ることにした。高校時代以来、まともに運動していなかったので、初めが大変だった。走る目標をなるべく近くの具体的なモノにした。「次の信号まで走ろう」何とか信号まで走った。「次は、あの歩道橋まで走ろう」次々に小刻みにゴールを設定した。一日ごとに走る距離が長くなった。そして、家から三キロ離れた駒沢公園まで走れるようになった。

これが私のウルトラマラソン人生への第一歩になった。

走馬燈

私は仙台に帰省するため、愛車で東北自動車を北上していた。連休のため渋滞がひどく、十時間かけて、ようやく仙台南インターを通過した。雨が降り路面が滑りやすくなっていた。運転していた私以外、家族は、皆眠っていた。私は運転中に眠る癖があった。慢性的な睡眠不足のため赤信号で停車している最中にも、私はよく瞬間的に眠りに落ちた。家族があわてて起こした。それからである。私は運転席の前にお菓子袋を大量に並べるようになった。口を動かしていると居眠りしなくなるためだ。仙台中央インターに近付いた地点で、お菓子の袋に手を伸ばした。だが、あるはずの場所を探っても、何の感触もなかった。チラリと床に目をやると、私の探していた菓子袋が落ちていた。時速は百キロを超えていた。私は身をかがめて床に落ちた菓子袋を取ろうとした。指先に感触があった。引っ張り上げようとした時、車に激震が走った。ガガガッ、バリバリッと凄い音がした。ハッと外を見ると、車が中央分離帯のガードレールに激突したまま走っていた。車体がバリバリとえぐられてガードレールに飲み込まれていった。私はとっさにハンドルを左に切った。車は雨の中を一回転しスリップしながら、車線を越えて路肩でかろうじて止まった。雨が降っていた。車の前方からモーモーと白い煙が上がっていた。ボディは大きくえぐられポンコツと化していた。車のあちこちで声がした。息子が頭にタンコブを作ったが、家族は全員が無事であった。危なかった。もし隣の車線に平行して車が走っていたら、大惨事になるところであった。たまたま後続の車との距離が少しだけ空いていたので命を拾った。私はしばらくの間茫然として言葉が出なかった。ほんの一瞬の差で、命が残った。

大破して白煙を上げる私の車の横を猛スピードで車が次々に通り過ぎていった。どの車からもヒドイ惨状を目撃してギョッとした顔がのぞいていた。

そこからどうやってインターまで行くかが問題であった。家族が一列に並んで路肩を歩くのは避けたかった。試しにエンジンに点火すると、ちゃんと火がついた。かすかなエンジン音が聞こえた。タイヤが二つ折れ曲がりペシャンコになったので動かないだろうと思いつつ前進させるとガタン、ゴトンと上下に激しく揺れながらも、ゆっくり動いた。スローモーションの映画のようにポンコツ車が白い煙を上げながらガッタン、ゴットンとインターを目指して動いた。料金所のおじさんが驚いて目を丸くして言った。

「よくそんな車でここまでやってこれたね」

インター横に駐車場があった。ペコタン、ペコタンと音をたて白煙を上げながら、車はやっとたどり着いた。

私は右足の隣に傘を置いていた。車を降りる時、傘を取り出すと、真ん中でグニャリと折れ曲がっていた。ガードレールに激突してボディがえぐられたときに、傘も曲げられたのだ。あと数秒、気付くのが遅れたら、私の右足もガードレールにえぐり取られていたに違いない。私は折れ曲がった傘を眺めながらゾクリと冷や汗を流した。

私がとっさにハンドルを左に切った時、目の前に、走馬燈のようにゆっくりと人生の映像が映し出された。私は、これが人が死ぬ時に瞬間的に見る人生の映像なのだと思った。人は命が危機にさらされた時、瞬間的に人生の映像が走馬燈のようにゆっくりとかけ巡ると聞いていたのは、このことだと思った。

人間は弱い存在だ。運が弱ければ簡単に死んでしまう。少しでも油断をすると、たちまち脆弱な地盤が陥没して、暗闇の世界に飲み込まれてしまう。それほど、生は死に隣接している。人の運命が生と死のどちらに転ぶのかは、どちらが引っ張り合いに勝てるのかの偶然による。私は、生きている人間の脆さと「か細さ」を実感した。かつて、私がダッカで気づいた人間の運命の脆さを再び知った。

私は運転していて誰かに抜かれると、いつもムキになって抜き返した。勝負に負けるのが嫌いで許せない性分だった私は、車を運転すると命懸けで競争した。そのくせ、運転席に座るとすぐに居眠りした。私は自分が車の運転に全く向いていないことを自覚した。私はこの事故を契機に、運転することをやめた。

母の死

松田道雄氏の書いた『育児の百科』（岩波書店）が、わが家の育児のバイブルであった。いろいろな人が育児書を書いているが、この本にはかなわない。また、外国人の育児書は、日本人の私の感覚に全くかみ合わなかった。『育児の百科』を実際に購入して読んでみると、必要なことが全部書いてあった。育児をしていてわからないことがあるとこの本のページを急いでめくった。すると、必ず答えが見つかった。これから育児をする人は、必ず読んでほしい本である。松田氏はこの一冊の本を三十年にわたって書き直して改訂を繰り返した。

「よくわからないと投書してきたのに返事を出すと同時に『わからない』といわれた箇所をわかるように訂正した」（著者あとがきより）

これがコンテンツのレベルを上げるということなのだと思った。

私が三十八歳の時に、三人目の子供が生まれた。私も妻も三人兄弟で育ったため、子供が三人になって落ち着いた。'05年に経済同友会の少子化に関する提言の中で幸福感の調査をしていた。一番、幸せだと答えた人は、結婚して子供が三人いる人であった。一番、幸せ感が薄かった人は独身の人であった。結婚して子供の数が多くなるにつれ、幸せと思う人の数が増えた。私も三人の子供と一緒に生活するのが楽しい。家族とは、共同生活する中で影響し合うことだと思う。家族の人数が多いと、人数分だけいろいろなことがあるので面白い。

三人目の末っ子が小学三年生になった時の話である。この娘は、見かけより体重があった。クラスでも二番目に重かった。「あら、かわいいわね」と抱っこしようとした人が、重くて持ち上がらなかったことがあった。五月の連休初日、私は何気なく家の前の道を歩いていた。突然、私の腰に激痛が走り、目から火花が散った。バットで思い切りなぐられたような痛みであった。一体何事が起こったのかと驚いて後ろを振り返ると、娘がニコニコして立っていた。私は何が起こったのか、わからなかった。後で娘に尋ねると、ブーンと飛行機になって私に体当たりしたらしい。私は後ろから突進されたため、防御の姿勢を全くとっていなかった。かつ、娘の体重が重かった。そのため、私の腰はバットで強打されたような衝撃に襲われたのだ。腰が火を吹いたように熱かった。

夜、椅子に座っていた私は、次第に腰が痛くて座れなくなった。まだ何が起こったのかはわからなかった。横になって休めばじきに治るだろうと思い、布団に入った。だが、痛みはとれないどころか、増してきた。深夜になると、布団に横になることすらできなくなった。痛くてうめき声しか出なくなった。体をどう曲げても激痛が走った。私が夜中、あまりの痛さに「ウァー、イタァー、ギィーアーグー」とうめいていると、妻が叫んだ。

「うるさいわね。眠れないじゃないの」

私はやむなく声を押し殺して、うめいた。これがギックリ腰であった。

毎年、連休の時は実家のある仙台に帰省していた。仙台の母から電話があったのは、その翌日であった。いつ帰るのかと問い合わせの電話であった。その日、痛みは頂点に達していた。私は「イタァ」と悲鳴を上げていた。母に脂汗の中でギックリ腰になったと話をすると、今年の連休は戻らなくともよいから、とにかく体を休めて横になっているようにと、私を諭してくれた。

これが私と母との最後の会話になった。母は五月二二日、心筋梗塞で突然、亡くなった。その日、会社に仙台の義姉から電話があった。初めてのことであった。電話の向こうで「お母さんが亡くなりました」と言っていた。私は何度も聞き返した。普通なら「入院しました」のはずなのに、ある日、突然に亡くなったという連絡が入るとは考えたこともなかった。義姉から状況を聞きながら、私の周りの世界が私とはかけ離れた世界に映った。また現実に戻ると、私は大至急東京を発った。

新幹線の中でも、私は信じられない思いだった。私はたった一人であった。急げるだけ急いで仙台の実家に到着した。だが、家からは香の匂いが漂っていた。

実家のドアを開け家に入ると、母が布団の中で眠っていた。私は母の名を呼んだ。いくら呼んでも返事がなかった。母は目を閉じたまま、動こうとしなかった。私は号泣した。いくら泣いても次から次へと涙が溢れ出た。私はわあわあと泣き崩れた。

生と死の運試し

最愛の母が亡くなった。しかも、最後の言葉を交わすことすらできない突然の別れであった。心の中にポッカリと大きな穴があいた。この穴の空虚さを埋められる人は誰もいなかった。かつて、美空ひばりは最愛の母親を亡くした時、悲嘆にくれて語った。「私の歌を聴いてくれる人がいなくなった。これから私は誰のために歌ったらいいのだろう」彼女にとり、母親はかけがえのない、特別な人であった。彼女は、母親に褒めてもらいたくて歌を歌っていたのだ。当時の美空ひばりは弟の暴力団との関係を指摘され、NHKをはじめとする大手マスコミと闘っていた。四面楚歌の中で、母を亡くした彼女は悲嘆にくれ本当の言葉を漏らした。新聞はその言葉を聞き逃さなかった。「傲慢だ」と三面トップで、母の死に打ちひしがれる彼女に追い討ちをかけた。新聞は「お客様のために歌う歌手の本分を置き去りにした」と非難した。私は普通のレベルの批判に過ぎないと思った。それ以上に、彼女の語る言葉には不思議な輝きがあった。私は、彼女の言葉を胸にしまった。

母は私に「自分のためだけに生きるのではなく、人様の役に立つことをしなさい」と教えてくれた。一粒の米ができるまで、どれだけ農民の苦労があるのかを教えてくれた。「大事にしなさい」「恩返しをしなさい」と私は、母に繰り返し価値をすり込まれた。私にとり母親は特別で、かけがえのない人であった。鼻水をたらした少年の頃から、私は「母に褒めてもらいたくて」生きてきた。そのことに気付いたのは、母が逝った時であった。母がいなくなって、私の生きている軸がかすんだ。美空ひばりが母の死に際して「私の歌を本当に聴いてくれる人がいなくなった」と嘆いた言葉の意味が、ようやくわかった。私も、存在を認め、心から褒めてくれる母がいなくなってしまった。

亡くなった母の死に顔は美しかった。私はずっと母の顔を見つめていた。私が写真家だったら、何枚も写真を撮っただろう。

葬式が終わっても、私は母の死を受け入れることができなかった。東京に戻ってからも、夜になると涙が溢れ出て一人で嗚咽した。いくら泣いても次から次へと涙が溢れ出た。家族が寝入った深夜に私は一人で居間のテーブルに座り母と向き合い「逝かないで」と慟哭した。三カ月経って、ようやく涙が涸れた。

私は母が亡くなる時に、別れの言葉を何も言えなかったのが悔しかった。死にゆく母の手をいつまでも握っていたかった。

「私は母の子に生まれて嬉しかった。母の子であったことに心から感謝します。またこの世に生まれる時にも、やっぱりあなたの子がいいです」

私は母に深く愛されて育ったために、人間への優しさ（愛情）をベースに持つことができた。盲導犬は、幼い頃に人間の温かい家族で愛情深く育てられる。その時期に、人間との絶対的な信頼関係が育まれるのだ。その後の厳しい訓練に耐えて盲導犬となる原体験となるのが、幼い頃の絶対的な愛情深い体験なのだ。

私は幼少の頃、母親の深い愛に包まれて育てられたことに心から感謝する。いろいろな人と話している時、この人は私と根本的に違っていると思うことがある。よく聞いてみると、幼少期の原体験に違いのあることが多い。それほどまでに、母親に愛されて育ったかどうかは、後で大きな影響となって現れる。

私は小学校の頃まで病弱であった。小学二年生の時は、肺炎で二度も入院して生死の境をさまよった。千羽鶴が病室を占領していた。母が一緒に寝泊まりして看病してくれていた。病室の天井にシミがあった。冬が近付く頃、高熱の日々が続いた。熱にうなされた私には、そのシミが姿を変え、大きな怪獣となって襲いかかってくるように思えてならなかった。私は母に天井を指さし「あそこにいる」と言った。母は不思議そうな顔で私を見た。母には黒い怪獣は見えないらしい。夜ごと、怪獣は私の痩せ細った体を食いちぎった。

医師は、私の命が危ないことを告げた。「今晩がヤマでしょう。家族の人に連絡しておいてください」

母が涙にむせび、嗚咽する声が私の耳もとに聞こえた。私は自分は死ぬと思っていた。だが、かろうじて命の火は消えずに残った。何度かの運試しをくぐり抜け生き残った。ようやく私はもっと生きていいんだと思った。

父と母

私は母が大好きだった。男の子にとり、母親とは特別な人になる。母の子供は三人とも男であった。男の子は体が弱い。順番に病院にばかり通っていた。それに、やんちゃであった。いつも怪我ばかりした。だが手伝いもした。「誰が一番手伝ってるの?」と尋ねては、母に褒めてもらいたくて働いた。母は鼻ったらしの子供たちにとり素敵な女性であった。私は兄に負けじとジャガイモの皮をむいたり、廊下の雑巾がけをしたりした。風呂焚き当番もした。当時は、練炭で焚く風呂であった。新聞紙を丸めた上に木切れを置いて火をつけた。お手伝いの中でも、熟練した技が要求された。私たちは風呂焚きの名人になった。

ある日、朝食のおかずに卵一個を買う「お使い」を頼まれた。急いでね、と言われて私は駆けた。帰る途中で、転んだ。ベシャッと音がして、道の真ん中に卵が落ちて割れた。殻からは黄身がはみ出ていた。私は困った。仕方なく、泣いて帰った。

母は、泣く私をたしなめると、大至急現場に案内させた。まだ、道行く人は少なかった。

先刻落としたばかりの生卵が道の真ん中にそのままあった。誰にも踏まれてはいなかった。母は持参した「どんぶり」とスプーンで慎重に生卵を拾い上げた。貴重な朝食の唯一のおかずだった。母は私に「みんなには黙っててね」と念を押した。ちょっとだけ小さくなった生卵に一杯の醤油が注がれて真っ黒になった貴重な卵が、みんなの温かいご飯の上にかけられた。

私が小学生の頃、時代は貧しかった。わが家も負けじと貧しかった。母は工夫して土曜日の午後を「お茶の日」と名付けた。この日だけ、甘いお菓子が配られ、お茶を飲みトランプをして遊んだ。冬、雪の中で遊んでいた私を、弟が嬉しそうな顔をして呼びに来た。

「今日ね、ミカンを一個食べてもいいんだって」

普通の日は、一個のミカンをみんなで分けて食べていた。私たちは、いつも競争して食べた。ご飯の「おかわり」も競い合った。ご飯はすぐになくなった。母は「ごめんね」と詫びた。五等分が、わが家の絶対原則であった。正確さを期すために、いつも寸法を測って五等分にした。丸いお菓子は七二度になるように分度器で測った。その上で、取る順番を決めるために激烈な五回戦のジャンケンをした。

私たちは、カレーライスとすき焼きが大好物だった。カレーでは肉を何個までと決めて、ジャンケンで順番にカレーをすくった。カレー色をした粉の固まりを肉と間違えた人が泣きベソをかいた。間違えた人が悪いのか、それとも肉と交換してもよいかで大騒ぎになった。すき焼きも肉の争奪戦であった。食べ物をめぐっていつも熾烈な戦いが繰り広げられた。三人の男の子は、よく食べた。

憧れのバナナを初めて食べたのは、小学四年生の時だった。当時、バナナは貴重品だった。たった一本のバナナの周りに家族五人が集まった。皮は簡単にむけた。中から白いムクムクの身が出てきた時、みんなが「おっ」と驚きの声を上げげた。まだテレビが普及していなかった時代である。皮のむかれた白い身を見て「これがバナナなんだ」と私たちは目を輝かせた。口に入れると、ネットリして不思議な味がした。次に、バナナの皮で本当に滑るかどうかの実験をした。廊下にバナナの皮を置くと、一人ずつバナナの皮を踏んだ。兄が「おっとと」と言ってひっくり返った。私の時はもはや滑らなくなっていたが、滑るふりをして「おっとと」と転んだ。それから一カ月間、私たちはバナナの話でもちきりだった。

父の茶碗だけ、私たちのよりずっと大きかった。おかずもちゃんとついていた。どうして僕たちのより大きいの、と母に尋ねると「お父さんは外で仕事をして稼いでいるの。それにあなたたちよりも大きいでしょ」と答えてくれた。私は、早く大きくなって外で働いて稼ぐんだ、と幼心に誓った。

父は能楽を趣味にしていた。私が練習中に話しかけても、父は聞こえないふりをして練習を続けた。練習が終わると「どうして練習中に話しかけるんだ」と扇子で私の頭を叩いた。「集中している時に話しかけられて今日は出来が悪かったじゃないか」私は父が集中している時は、話しかけてはいけないことを学んだ。

自転車の冒険

小学生の頃、春になるとワラビやゼンマイを採るため仙台近郊の山に登った。山菜を採って帰ると、母が喜んでくれた。その日も、いつものように山菜を一杯採った私は自転車の荷台に積むと山道を下った。父が中古のを安く買った自転車は、ブレーキのかかりが鈍かった。自転車は坂道を加速をつけて下りた。スピードが私の限界を越えそうになった。危ないのでブレーキをかけようとしたが、止めるだけの力が私になかった。子供の力では、ブレーキが重くてかからなかった。ブレーキをかけられないままスピードは次第に上がった。

坂道はそのまま国道四号線につながっていた。幹線の国道であるため、バスや自動車が絶え間なく行き来していた。私を乗せた暴走自転車は、坂道を下り終えようとしていた。私の目の前に国道の風景が広がった。私は自転車ごと倒れて止めるか、そのまま走らせるかを一瞬で考えた。前者は必ず怪我をするが、後者では生と死が半々だと思った。後者に賭けた。坂道が終わった。次の瞬間、自転車は猛スピードのまま国道に突っ込んだ。バスや自動車が走る間隙を縫うと、一瞬の奇跡的なタイミングで横切った。バスの車体がキキィと急に止まり顔をひきつらせた運転手が怒鳴った。自動車が急ブレーキをかけて止まり、窓ガラスに恐怖でひきつった顔があった。暴走自転車は、ぎゃあ、こらぁ、ギギギィと大音響の中を一瞬で走り抜けると、正面にある金網に激突した。どすん、と鈍い音がして自転車の左ハンドルが私の左腰に突きささった。私と自転車は、そのまま空中に投げ飛ばされた。私が目を開けると、大人たちが周りを取り囲んでいた。声が聞こえた。「大丈夫か」「救急車を呼べ」「生きてるぞ」私は起き上がると、心配そうに見つめる大人たちを置き去りにして、その場を逃げた。だが、腰が痛くて自転車のペダルを踏むのがやっとだった。いくらペダルを漕いでも、家は近付かなかった。左の腰が燃えるように熱かった。腰からの出血で服が赤く染まった。道行く人がエッと振り返った。ようやく家にたどり着いた。母が私の顔を驚いて見た。「一体どうしたの？」私は顔面蒼白だった。母は私の腰を見て絶叫した。赤い血の底に白い骨が見えた。その日、私は外科で十三針を縫った。

父は幼い私を膝に抱っこしてこう語ってくれた。

「おまえの人生は大器晩成だからな」

当時の私は「大器晩成」の意味がわからなかった。母に尋ねると「人生が末広がりによくなることよ」と教えてくれた。今度は「末広がり」がわからなかった。自分なりに、どんどんよくなることだと思った。無口でおとなしく、多感で早熟で病弱だった私は、無意識のうちに、自分の運試しをしていた。何度運試しをしても、生命は無事だった。私はもっと生きていいんだと思った。

父は真面目で仕事一途な人だった。軍隊に召集され、中国で終戦を迎えた。父に戦争中の話をいくら尋ねても、語ろうとはしなかった。陸軍では暴行が日常的に行われた。父も些細なことで古参兵の暴行を受けて頭を殴られ何針も縫う怪我をさせられたとようやく語ってくれた。父の後頭部にはその時の傷跡があった。私はそれ以降、父から戦争の話を聞くのをやめた。

父の仕事場は税務署であった。私が中学生の時、担任の英語の先生が生徒の親の職業を聞いた。私が「税務署です」と言うと露骨に嫌な顔をした。他にも何人かの同級生が黙って振り返って私を見た。

私が帰宅してこの話をすると、父は激怒した。あんなに怒った父を見たのは初めてであった。当時、学校の教員は家庭教師や塾のアルバイトを公然としていた。父は校長に抗議して、担任の税務調査をすると言い出した。母がなだめた。

「そんなことをしたら、博明が学校に行けなくなります」

父は黙った。だが、悔しそうだった。私以上に父が傷ついていた。

私にとって父の存在は、時と共に変わった。まだ幼い頃、母は優しく父は厳しかった。高校生になってからは、父をライバルとして見るようになった。大学に入学して、遠い存在から身近な存在になった。父と息子は途中まで張り合ってしまう。私は幼い頃から無意識のうちに父と競い合い、父に戦いを挑んできた。だが、目の前に父の後ろ姿があったので、私は何とかなったのかもしれない。東北大学に入学すると、私は仙台の家を出て下宿した。何としても家を出て自立したかった。だが、憧れの下宿暮らしは貧しく、私は生活費稼ぎのためのアルバイトに追われた。

桜の花が散る

私が高校生の頃、毎日母に弁当を作ってもらった。私は高校の美術クラブの部室で弁当を食べた。部室の周囲に桜の木が植えられていた。四月、桜の花が咲いて散る頃、私は外で風に揺られてハラハラと落ちる桜の花びらと一緒に弁当を食べた。

母が弁当箱を洗う時、驚く声がした。

「弁当箱の中に桜の花びらが入ってるわ」

その日は、桜の花がよく散った。風に舞ってチラチラと花びらが弁当箱に落ちてきた。私の黒い学生服の上にも淡いピンク色の花びらが舞い降りてきた。私は春風に乗ってひらひらと舞う花びらの様子を母に話した。母は嬉しそうに聞いていた。

翌日から、私は桜の花びらを捕まえると弁当箱に並べて持ち帰った。中身を全部たいらげた空の弁当箱に、桜の花びらが並べられた。母はもったいなさそうに、桜の花びらの入った弁当箱を洗った。

父は長男であった。田舎の祖母は体を動かすのが不自由になった。当時は長男の嫁が介護するのが当たり前と考えられた時代であった。私が中学三年の時に痴呆になった祖母と祖父を引き取った。祖母は不自由な体を引きずりながら、よく家を出て行方不明になった。私たちは夜暗くなるまで探し回った。そして、祖母は寝たきりになった。明るくて元気で若かった母は、祖母の看護に疲れ切った。祖母はそれから十数年間寝たきりであった。母は祖母を看取った後、祖父も看取った。母はいつも言っていた。

「私は寝込んで皆に迷惑をかけてまで生きたくない。ある日、突然にポックリと逝くのが理想だから、ポックリ教の信者になりたい」

母の介護の苦労は筆舌に尽くし難かった。人の苦労がわからないと傲慢になる。私は絶対に傲慢にはなるまいと誓った。私は幼児期に病弱だったこともあって、頭の中で空想するのが好きだった。ビジネスの世界では構想力が重要になる。自分の頭の中で物語を作っていたことが、ビジネス構想力の練習になった。

私はマンガ、油絵、インド等に次々と「はまる」体験を繰り返した。自分が一つになれる対象を見つけると、その中に入り込んだ。対象と一つになることで自分を成長させることができた。一方で私は理想を追い求めた。だが、いくら追い求めても「理想の女性」はいなかった。ようやく私は、外に理想を求めてはいけないことに気が付いた。現実には、私の想像を遥かに超えた有象無象の人々がうごめいていた。純粋さだけでは、彼らの餌食にされ食べられてしまうことを学んだ。

私は子供の頃からずっと「純粋な心」を大切に持ち続けてきた。現実の世界を生き抜くには、同時に強くなければならないことを知った。

私は公認会計士受験をやめるのか続けるかの分岐点に立たされたことがあった。私に囁きが聞こえた。

「地球は回り続けている。私が公認会計士の受験をやめようと続けようと関係なく回転している。私はどうして小さな自分のことに執着してあくせくと勉強を続けるのだろうか。もうやめてもいいのではないか」

これまで、さんざん苦労したのだから、受験勉強はもうやめにしてもいいのではないか、という囁《ささや》きであった。その囁きは突然に私の心の中に充満して強く私を誘った。いくら勉強を続けても、合格する保証はどこにもなかった。このまま努力を重ねても、また落ちるかもしれない怖さがあった。公認会計士を受験することはリスクの塊であった。さらに、私が受験をやめても、地球は依然として回転していた。宇宙の真理の前に、私の受験などどうでもいい些細なことのように思えてならなかった。

「もうやめようか」と思った時、仙台の母の姿が浮かんできた。母は私の合格を祈ってくれていた。毎月届く仕送りの中に必ず母の手紙が同封されていた。太陽のような無限の愛で、母は私を支えてくれていた。その母に「もうやめます」とは言えなかった。私は「やめる」のはもっと後にしようと思った。今やるべきことをとことんやろう、それでも駄目だった時に話そうと思った。私には母を悲しませたくないという思いがあったために、受験に復帰した。その翌年になり、私は合格することができた。

You CAN DO IT!

会計士受験時代に婚約者に去られ「たった一人」になった時、私の生命は最小になった。生命の火が消える寸前であった。消えずに残ることができたのは、母のおかげであった。起業家になった私を一番苦しめたのは、お金であった。会社が危機に瀕した時、私の周りにいた人々がいなくなった。私はズルイと思った。困窮した私に、母だけが相談にのってくれた。誰もが出資を見送った中で、母は逃げなかった。父を説得すると、保険を解約し資金を用意してくれた。あの資金があったおかげで、私も会社も生き延びることができた。後日、私は母が用立ててくれた資金に多額の利息を加算して返済した。母は「こんなにいらない」と言ったが、私は受け取ってもらった。どんなことがあっても、母は私を絶対に信じてくれた。母は私の最大の理解者であり輝く太陽であった。

その母が逝った。茫然自失する私を、家族や社員が心配した。私は母の死を認めたくなくて喪中の葉書を出すことができないでいた。妻は私に早く出すようにと催促した。夫婦とはいっても他人であった。悲しみは共有されず、妻との間には断崖絶壁ほどの隔たりがあることを知った。私は最愛の人を亡くした悲しみを抱え、毎夜一人で慟哭《どうこく》した。私の悲しみの深さがわかる人は誰もいなかった。私は一人で孤独であった。私は悲しみから逃れるために、同じ深さで肉体に苦痛を与えようと思った。極限のスポーツとしてマラソンを選んだ。私は一途にマラソンに打ち込んだ。

母の死後、父は急速に衰えた。仲の良かった夫婦のうち、妻に先立たれた夫は短期間のうちに亡くなることが多い。父は二年後の四月に脳梗塞で体が動かなくなった。言葉も一切しゃべれなくなった。同年一二月、父は最期の言葉を残すこともなく逝った。

母に続いて父も他界し、両親を相次いで亡くし「私は天涯孤独になった」と思った。もはや私を誉めてくれる人は誰もいなくなった。実家の床の間に、父と母の好きだった掛け軸がそのまま掛けられていた。

「日々是好日」

好日とは「よい日」という意味である。くる日もくる日もよい日である。たとえどんなことが起ころうとも、それはよい日であるという禅の絶対肯定の書だ。二人ともこの言葉のとおりに生きた。私も、どんな悲惨な日がやってこようとも「今日はよかった」と思えるように生きようと思った。私は母と父の死を受け入れようと思った。

私が初めてフルマラソンを走ったのはホノルルマラソンであった。私は四十歳になってから健康に価値を置くようになった。もともと肉体の限界に挑戦するのが好きな私は、とことんまで頑張るマラソンとピッタリの相性だった。ダラダラと無意味に人生の時を過ごす生き方は、許せなかった。情熱と意志と努力で時間を緊張させて生きるのが私の流儀であった。

ホノルルでマラソンを走る時のポイントを私はコーチに尋ねた。

「頑張って走ることです。自分でこうしようという目標を持つ時に、初めて目標を達成するぞという頑張りも出てきます。ですから、適当に走るのではなく、頑張って走ることです」

私はいい言葉だと思った。生きる時のポイントと全く同じであった。

スタートが午前五時半のため、当日は早朝の二時半に起床して食事を取った。無理にでも食べておかないと体がもたない。スタート地点のアラモアナ公園は三万四千名ものランナーで埋め尽くされた。暗い夜空に花火が打ち上げられた。スタートの合図だ。ダイヤモンドヘッドを登る頃、ようやく太陽がハワイ海に昇った。朝日を浴びながら、私たちは足音を立てて走った。

その日は異常な高温に見舞われた。一二月だというのに日中の最高気温は三一度まで上昇し、苛酷なコンディションになった。太陽はランナーに照りつけた。私たちは汗を飛ばしながら走った。水をシャワーにしてふりかけてくれる家族がいた。ありがたかった。三五キロ地点ではあまりの暑さに脱水症状を起こしたランナーたちが私の目の前でバタバタと倒れた。三七キロ地点から、私の両足が痙攣した。暑さで、私の頭が朦朧とした。「なぜ私はここで走っているのだろう」と不思議でたまらなかった。その時、道端の女性が大声で激励してくれた。「you can do it!」(君ならできる!)

私は頭の中で、この言葉を繰り返すと、ようやく我に返った。そうか、私はできるのだ。沿道の人たちが、口々に「you can do it!」と叫んでいた。私は勇気を奮い起こし、初マラソンを完走することができた。

走

Run

サロマ百キロウルトラマラソン

私は夜の駒沢公園を走るのが習慣になった。毎日、夜の一〇時に家を出ると一二時過ぎまで走った。ビジネスで直面する問題をどう考えたらよいかを、走りながら考えた。走っていると頭が回転した。いつも閃きがあった。私は閃くたびに番号を付けて頭の引き出しにしまった。そうしないと忘れてしまうからだ。

母を亡くした私は、体から元気になろうとした。体を鍛えるうちに、心も元気になるかもしれないと思った。心は寂しくて仕方がなかった。かつて、母に一度だけサロマ湖百キロウルトラマラソンの話をしたことがあった。母は驚いて言った。

「そんなことしないでね」

私は当時そんな気はなかったので、笑って了解した。だが、母が亡くなった今、反対する人は誰もいなくなった。私は体を極限まで痛めつけたかった。そうすることでしか、寂しさから脱する方法はないように思えた。こうして、当時の私には無謀とも思えるような百キロレースへの挑戦を決めた。北の果て、北海道のワッカには原生花園があってエゾユリが咲き誇っているという。私もワッカの原生花園を走ろうと思った。私は夢を見た。ワッカで、私が大声で母の名を呼び叫んでいた。

私はよき仲間に出会うことができた。いつも日曜日の朝六時に吉祥寺駅に集まると、東村山の多摩湖まで走った。多摩湖を一周すると、また吉祥寺駅まで戻った。合計すると約四〇キロのコースであった。皆、気のいい仲間であった。ウルトラマラソンを走る人には、山登りする人と同じオーラが輝いていた。サロマに出発する直前にトラブルが起こった。皇居の練習でラストスパートした時、私はスピードを出し過ぎて転倒した。右手と腰を強打して血を流した。本番で走れるだろうかと不安を抱えたまま、予定どおり出発した。どんなにヨレヨレになっても、一切気にせずに、予定どおり進めるのが私のスタイルであった。たとえ、手や腰が駄目になっても、足が動けば走れる。その時の自分がやれる限りのことをやればいいのだと思った。

北海道は広々として晴れ渡っていた。レース当日は、早朝の二時に起床し、午前五時にスタートした。六時に太陽が昇った。私は全身で水平線から昇る太陽の光を浴びた。前方左手にサロマ湖が姿を見せた。湖面が緑色に輝いていた。その日サロマ湖は、時刻に合わせて湖面の色を刻々と変化させた。暑さが頂点に達した頃、サロマ湖には陽炎が立ち昇り、モネの絵のようにゆらめいていた。普通のマラソン大会でランナーが喘ぎながらたどり着くゴール地点も、ウルトラマラソンではまだ序の口の通過点に過ぎなかった。一瞬で通り過ぎた。五〇キロを過ぎてからが本番であった。

暑さで汗が地面にしたたり落ちた。その日、気温はぐんぐんと上昇し、ランナーの頭上から太陽が照りつけた。給水所ではランナーが頭から水をかぶった。炎天下のウルトラマラソンのため、ランナーはギリギリの限界と向き合った。太陽の光をまともに浴びて頭が熱を帯び目がかすんだ。とうとう給水所で用意した水がなくなった。空になったプラスチック容器がころがっていた。空の容器を持ち上げ最後の一滴をなめようとするランナーがいた。皆、喉がカラカラに渇いていた。暑さで大汗をかくので水を飲まないとへたばる。私も持っていた水を全部飲み干した。私は朦朧と薄れゆく意識の中で、さらに走るのか、それともやめるのかを決めかねていた。関門は一〇キロごとにあった。制限タイムはどんどん厳しくなった。七五キロ地点に、足の筋肉がつって道端でうめく中年の男性がいた。足がひきつるのは本人の責任である。気にせずに走った。皆自分のことで精一杯であった。私は頭上で照りつける太陽と格闘していた。「何て暑いんだ」私はとうとう体力の限界と対話した。魔が問うた。「まだ、走るのか。十分に走ったのだから、もう休んだらどうだ」体は休みたがっていた。確かによく走った。自分で誉めてあげたいくらいだった。こうして、私の弱さは簡単に魔に妥協した。

この日、私は八〇キロ地点でレースをリタイアした。午後三時であった。朝五時にスタートして一〇時間も走り続けたことになる。

原生花園は八〇キロ地点から始まっていた。翌日、私は走れなかったワッカの原生花園を訪れた。サロマ湖とオホーツク海にはさまれてワッカがあった。橙色のエゾユリの花が一面に咲き誇っていた。強風がワッカを駆け抜けた。私は母のいる空に向かって叫んだ。

「八〇キロまで走れたよ。見ていて、もっと走るから」

私の声は、風に吸い込まれ空のかなたへと広がっていった。

娘との人生問答

私が朝食のパンを口に入れたと同時に高三の長女が尋ねた。「パパ、人は何のために生きるの？」

私は思わず口の中に入れたパンをそのまま飲み込んだ。長女は高三になって人生を考えるようになった。私はいつも正面から答えた。この時もボールを打ち返した。「人は神様から才能を与えられている。どんな人にもいろいろな才能が与えられている。その才能を伸ばすことが、人の生きる意味だよ」

娘が重ねて問うた。

「私にはどんな才能があるの？」

「人の本当の才能は隠れていて、本人にも気付かないことが多い。自分にこんな才能があったのかと驚くことがある」

あの頃の私は走ることに没頭していた。練習すればするほど、もっと走れるようになった。私に走る才能などあるわけないと思っていたのに、隠されていた。人は凄いものだと思った。娘にこの話をするとこの時は納得してくれた。

禅問答では、突然老師が尋ねた。「アマゾン川の水はどこに行く？」私が答えられないでいると、棒で叩かれた。禅問答では正面で瞬間に打ち返さない限り老師は許さなかった。娘との人生問答も同じであった。相手が真剣に本気でくるのなら、こちらも同じレベルで臨まないと勝負に負けてしまう。すぐその場で本気で真剣に切り返すことが必要であった。

娘の質問は、いつも思いがけない時にやってきた。

ある日の夕方、私は会社で米国人とタフな交渉をした。これまでの契約条件の変更を彼は求めた。私はこれまでどおりを主張した。三時間後、ようやく交渉が終了した。ぐったり疲れ切って夜の一一時過ぎに帰宅した。家では娘が私を待ち構えていた。模擬試験に志望校の大学と学部を書き入れないといけないが、どこにしたらよいかの相談であった。

「君は将来何になりたいの？」

「それがわからないから困ってるの」

それから、突然に娘との人生問答が始まった。ようやく会社での激戦を終えて帰宅したと思ったら、実は第二の戦いが待ち構えていた。その時、私の神経はすでにズタズタに切れていた。だが、娘に真剣勝負を挑まれて逃げるわけにはいかない。腹を据えて娘との真剣勝負を始めた。

どんなに疲れ切っていても、子が発した問いを、父親は正面で受け止め切り返さなければならない。めったにない機会なので、必ず生かすことだ。だが、その機会は、多忙な出勤前の朝だったり、とんでもなく疲れ切った夜だったりする。

「今日は勘弁だ。頼むから寝かせてくれ」

そんなことを言ったら、そこで線は切れてしまう。相手の疑問がピークに達し何とかしてほしくて尋ねるのだ。答えるタイミングは、その時しかない。

仕事でも、いざという場面は、たいていとんでもない時にやってきた。「何でよりによってこんな大変な時に、そんな話がやってくるんだ」と嘆いても始まらない。問題のタイミングをはずすと命取りになる。難問はまとめてやってくることが多い。そんな時こそ、勝負の時だ。個別撃破して、それぞれで勝ちを収めるのだ。

一方、私は週末になると甲州街道のレースに備えて走り込んだ。半年前にサロマ湖百キロレースを走った私は、さらにもっと長いレースを走りたかった。長時間走り続けることの自由と面白さに目覚めたのだ。この時、長野県の諏訪から日本橋までの二一五キロを三六時間以内で走る甲州街道のレースを知った。この大会では、ランナーは自分の荷物をリュックサックに背負いコンビニで必要な食料を勝手に調達する。信号を守り事故に遭わないように自己責任で走るのだ。夜通し走ってもいいし、眠くなれば道端で眠ってもいい。ランナーが好きに選んでいい自由な大会であった。

私はレースに参加する前に甲州街道を一人で走ろうと思った。金曜夜に会社を出て中央線の高尾駅まで行き、そこから諏訪を目指して走った。高尾山の登りがきつかった。山道を抜けると上野原に至った。ここでチョコレートをかじった。梁川を抜け猿橋を越えて大月にたどり着いた。時計を見ると夜の一時過ぎであった。

私は大月駅のベンチで横になると仮眠を取ろうとした。だが、すぐに起こされた。タクシーの運転手が「格安にするから乗ってきな」と誘った。私はランナーでこれから諏訪まで走るというと、彼はとても変な顔で私を見た。

甲州街道(1)／水の豊かな国・日本

私は甲州街道で練習を積んだ。最大の難所が笹子峠であった。峠を人が登ることは希であった。そのため、サルがいっぱいいた。当初は、サルと鳥の声を区別できなかった。どちらも、キキィと鳴（啼）いた。だが、サルは地に住む動物なので末尾が下がって啼いた。鳥は空を飛ぶので末尾が上がった。やはり鳥の鳴き声は美しい。私が峠を登っているとサルの声がすぐ間近で聞こえた。サルは私を追いかけては啼いた。

日没の甲州街道を走った。暗くなって見通しが利かなくなった。ふと耳を澄ますと、山の水の流れる音が、夕暮れで暗くなった道いっぱいに広がって聞こえた。白州は名水の産地として名高い。山の湧き水が甲州街道沿いの側溝を豊かな水量で流れていた。私は満天に輝く星を見上げながら走った。道の両側の側溝を流れる水の音が、満天の星空にゴーッ、ゴーッと響き渡った。水音を聞きながら私は自然の豊かな恵みを感じた。古来からこの地の人々が耳にしたのと同じ水音を、私は聞いた。私は、日本が豊かな水の国であることを知った。ゴーッという水音は、私の頭にこびりついて離れなかった。

九月三〇日、下諏訪に六四名のウルトラランナーが集まった。何しろ、諏訪から二一五キロも離れた東京まで走ろうとする人たちである。皆、変わっていた。私もその変人の一人であった。

旧甲州街道は、住宅街を通り抜けると国道20号線に合流した。杉木立の間から諏訪湖が輝いて見えた。神々しい湖であった。私は荷物が重くて後ろに傾いていた。後ろのランナーが私のリュックサックを持ち上げ「重過ぎますよ。一体何が入っているんですか?」と尋ねた。食べるのが大好きな私は、お菓子や果物を大量に入れていた。荷物が重いと走りは遅くなる。私はぶどうを食べられるだけ口の中に放り込むと種を飛ばした。重過ぎた分を泣く泣くゴミ箱に捨てた。これで背中の負担は楽になった。スタート時に固まって走っていたランナーはやがて散り散りになった。

茅野、白州と順調に走り抜けた。途中の公園で地図を確認していると、農家のおばあさんが話しかけてきた。

「どこまで行きなさるのかね?」

私が日本橋までと答えると、おばあさんは驚いて大笑いした。

「それは無理と違うかね。この分じゃあ、来年までかかるんと違うか」

ランナーのためのエイドステーション（補給所）は三カ所あった。最初は甲府の手前の小作（六六キロ地点）であった。エイドのおじさんがワインを出してくれた。白を飲み干したらロゼもついでくれた。これが効いた。甲府の街をふらつきながら走った。コンビニで充実野菜を飲んでアルコールを消した。日が暮れて薄暗くなった。懐中電灯で足元を照らしながら走った。いくら走っても甲府の町は終わらなかった。ようやく町を抜けると見渡す限りのぶどう畑になった。勝沼であった。20号線の路肩は狭く走るには危険に思えた。下の道を走った。雨が降ってきた。収穫を間近に控えた農家は泥棒よけに犬を放し飼いにしていた。私はぶどう畑の道を走ったため、犬に泥棒と間違えられた。あちこちで犬の遠吠えがした。あっという間に私は犬の大群に囲まれた。犬は殺気立ち私に飛びかかろうとした。その時、家から一人の男が出てきた。懐中電灯を私に当てるとひどく驚いた様子で家に戻った。私は赤色に点滅するライトを五カ所つけ、帽子と服に光の反射板をつけていた。彼の放った光が私の反射板に当たって、私のまぶしさにひるんだようだ。男が去ると犬もいなくなった。

第二エイドは勝沼にあった。笹子峠の入口に近かった。雨が激しく降っていた。カッパは役に立たず雨がしみ込んだ。寒くて体が震えた。シューズも、パンツの中もずぶ濡れであった。ラーメンを食べると、私はエイドを出た。笹子峠の上りはどこまでも続いた。側溝がないため、山道は川になった。

笹子峠の頂上手前に東屋《あずまや》があった。登り始めて二時間後にようやく東屋に到着した。私はここで突然体が激しく震えて止まらなくなった。言葉をしゃべろうとしても歯と歯が噛み合わなかった。私は急性肺炎になってこのまま死んでしまうのではないかと心配した。ポシェットの中を探るとチョコレートがあった。私は急いでチョコレートを口の中に入れて溶かした。飲み込むにつれ、体の奥から力が湧いてきた。チョコレートの力は凄かった。

笹子峠の下に最後のエイドがあった。私はビーフカレーを注文した。エイドで休んでいたランナーたちが驚いて声を上げた。「よくカレーが食えるね」「たいした胃腸だね。あんたはウルトラに向いている」私は羊羹もキビ団子も最中も次々に食べ尽くすとビールを飲み干した。私の食いっぷりに皆が絶句した。

午前二時、私はエイドを出ると大月へと向かった。雨は本降りになった。

甲州街道(2)／睡魔との闘いと象の足

私は本降りの雨の中を大月へと向かった。だが、私の走力は目に見えて落ちてきた。しかも眠くてたまらなかった。前日の午前三時に起床したから、二十四時間が経過したことになる。疲労がピークに達していた。

睡魔との格闘が始まった。ここから私の記憶が途切れるようになった。私は大月を流れる桂川の橋の上にいた。ふらつきながら前進しようとしても、橋の上で彷徨した。私は橋の欄干にしがみつき、うとうと眠りかけた。ハッと気付くと、足の下からゴーゴーと音がした。見ると、濁流が渦を巻き唸り声を上げてうねっていた。私は濁流の中に飲み込まれそうであった。ここで記憶が途切れた。次の場面は、歩道橋の上からトラックを眺める私がいた。トラックの荷台には布がかぶせてあった。私はトラックの布をかぶって眠りたいと願った。トラックのライトの光を目指して歩道橋から飛び降りようとしたその瞬間に、ハッと気がついた。私の頭は、疲労と睡眠不足で使いものにならなくなっていた。

私は夢遊病者のようにふらつきながら、三つのことに困っていた。一つ目は睡魔だった。どこでもいいから横になって眠りたかった。二つ目は、雨であった。ずっと降り続く雨は体を濡らし熱を奪った。三つ目は、足が痛いことであった。大月は広かった。どこまで行っても大月であった。私は大月から脱けられないのではないかと心配した。三つの「どうしたらいいの？」が私の頭の中をぐるぐると回っていた。ようやく、アイデアが浮かんだ。「コンビニで傘を買おう。そうすれば雨に濡れなくて済む」。私は朦朧とする意識の中で、かろうじて一つの答えを出した。傘を調達して喜んだ直後に、雨はあがった。私はそれでも傘を大事に抱えて走った。

朝の六時になると闇が薄れ、人々が動き出した。私は依然として大月の町をふらついていた。睡魔との格闘に疲れ果てた私は、遂に駅のベンチで十分間仮眠した。これで頭はすっきりとした。もっと前に寝ておけばよかった、と後悔した。私は眠りから覚めるとすぐに朝食のことを考えた。「朝食はコンビニでおでんを食べよう」と思った。私は食べることには元気であった。

私はコンビニを探し出すと、おでんを買った。巾着、厚揚げ、昆布、こんにゃくに汁を一杯かけてもらった。鶏五目のおにぎりをかじりながら、おでんの汁をすすった。見ると、私の目の前をランナーが一人また一人とヨレヨレになりながら、走ってきた。彼らの衣類は雨にあたり汗をかいてドロドロであった。足をひきずりながらゆっくりとゆっくりと走っていた。まるで亡霊のようであった。私もそうなんだと思った。彼らは限界と闘っていた。私は大声で「おでんがおいしいよ」と声を掛けた。だが、お腹に手をやるとその手を横に振った。「腹の調子が悪いので食べられない」の合図であった。

おでんを食べて、私はすっかり元気になった。ところが、走ろうとしても、足が言うことを聞かなかった。足を叩いても、動こうとしない。これが自分の足なのかと情けなくなった。上野原には薬屋があった。エアーサロンパスを購入して何度も両足に吹きかけた。いくら吹きかけても、足は動こうとしなかった。私は這ってでもゴールしようと思った。だが、時速三キロだった歩きは、やがて時速一キロになった。

藤野に行く上り坂の途中であった。私は足を上げることができなくなった。自分の足なのに重くて上がらなかった。私の限界であった。午前一〇時半にリタイアを決めた。走り始めてから二十七時間半が経過していた。走行距離は一四〇キロであった。

私は雨でズブ濡れになり大汗をかいて臭かった。リタイアするのはいいが、その後どうやって帰るかが問題であった。自己責任で帰らなければならない。臭くて迷惑をかけるけれど、タクシーでＪＲの藤野の駅まで乗せてもらった。

自宅に戻った私は、風呂に入った。ドロドロになった体と髪の毛を洗った。生き返るようであった。体重計で量ると、走る前より一キロ増えていた。「そうか、よく食べたものな」家には屋根があって雨を防いでくれた。ベッドも、トイレもあった。何て凄いんだと感動した。その日、私はひたすら眠った。

翌朝、目を覚ました私は、ベッドから起きて床に足をつけようとした。その時、足に激痛が走った。足の裏が猛烈に痛かった。見ると、両足は腫れ上がり象の足のようであった。痛さを我慢して走り続けた結果であった。歩くことができないので、仕方なく、四つん這いになって家の中を移動した。小学六年生の下の娘が目を輝かせて私の背中に飛び乗った。私は必死にこらえて這った。家族が口々に言った。

「パパ、一体何をしているの？」

六十四名の猛者ランナー中、完走した人は二十五名だけであった。苛酷なレースであった。

時代と出会う

時代がどこに行こうとするかを読むことが、ビジネスの要諦になる。どんなに真面目に努力をしても、時代の流れに合わなくなった事業は衰退するしかない。ビジネスでの成功の鍵は、どれだけ真面目に努力をするかではなく、時代の流れをどう読んでビジネスを組み立てるのかにある。

後日の話になる。ジャスダックに公開した私に、出資を依頼する人から連絡の入ることがあった。新規に会社を設立する場合と、既存の会社が第三者への割当増資をする場合のいずれかであった。私はまず事業計画書を送ってもらった。その人に会うか会わないかは、事業計画書を見てどれだけ興味を覚えて面白いと思えるかで判断した。事業計画書の作者が、これからの時代をどのように読んで手を打とうとしているのか、が面白いと思えた場合に限り会った。

時代の動きを予感して上手く手を打ち、時代の流れと出会うことのできた会社は、急成長を遂げることができた。その会社には、一年が十年分以上もの勢いで流れ込んだ。

「その鳥を狙うな」という言葉がある。飛んでいる鳥を狙って矢を射ても、矢が届く頃には鳥は次の場所へ飛んでいる。そのため、矢を射るには、その鳥が飛ぶ方向を目指して射るのがコツになる、という話である。

もうひとつ、西洋の「女神」も同じことを教えてくれている。女神を捕まえるためには先回りするしかない。なぜなら、女神の前髪はフサフサしているので捕まえやすいが、後ろには毛が一本もなくツルリとすべって捕まえることができないからだ。

時代と出会うポイントもここにある。時代の流れを後ろからいくら追いかけても、時代の流れは速く待ってはくれない。時代の流れを予感して、ここに時代はくると自分が信じた地点で待ち構えてビジネスを組み立てるしかない。本当に時代がくるかどうかは、その人の感性の鋭さと運による。

私が二十九歳でTACを設立した時「いずれ会社と個人が対等になる時代がくるはずだ」と時代の流れを予感して自分のビジネスを組み立てた。

時代は、本当に私の予感した方向に動き出した。かつて、あれだけ隆盛を誇った日本の大企業は弱体化し、個人が自分に強みをつける時代に向かって大きく動き出した。最初ゆっくりと動いていた時代の流れは、やがて動きを加速させた。バブルが崩壊すると、大企業の倒産とリストラが横行する時代へと突入した。驚くべきことであった。私が描いた仮説どおりの時代が目の前に出現しようとしていた。人々の悲鳴と怒号の中を、時代は地響きと砂塵を上げて変容を遂げていった。

時代の底にある価値観のパラダイムシフトが起こった。従来の価値観が崩壊し、その上で踊っていた多くの人々が没落した。その後には、個人と会社が対等になる時代が姿を見せつつあった。自分に力をつけようとする社会人がTACに押しかけた。私が二十年前に思い描いた時代が本当に到来したのだ。

TACは会社設立以来連続して増収を続けた。設立二十年目の'99年に売上は百億円を超えた。私は会社設立当時から売上百億円の会社にするんだと言っていた。当時は誰も信じてくれなかった。それどころか「ホラ吹きに思われますから、そういうことは言わないでください」と社員にクギを刺された。そのため、私は一人で固くそうなるんだと信じた。時代の流れは、私のいる地点に押し寄せ、私のビジネスは時代に出会うことができた。

私は会社と子育てに多くの時間をかけて取り組んできた。会社は二十年かけてはっきりした形になりつつあった。

長女との人生問答は、彼女が大学に入学するまで続いた。夕食で野菜サラダのキュウリをかじろうと口を開けた私に、娘が尋ねた。

「パパ、人生に目標ってあるの?」

娘は生と死の根本がよくわからなくなっていた。

「本当はあるんだけど、神様は教えてくれないから、人は目標を自分で探すしかないんだ」

「でも、人生に目標って必要なの?」

私はキュウリをかじりながら答えた。

「人生は一回限りしかないから、自分の人生の目標が見つけられない人は不幸だと思う。目標を見つけられた人は、その方向に動くことで透明に成長することができる。目標は夢だ。夢がないと、毎日生きていくのが辛くて退屈になる」

娘がさらに尋ねた。

「じゃ、どうしたら夢や目標を見つけられるの?」

「自分の心を信じることだ。心がこうしたいと思うことが夢なんだ。心は皆が持っているから、必ず見つけられる。いい夢を見つけるためには、いろいろな体験を積み幅を広げて一杯の努力をすることだ。そうするうちに突然に道が開けて見えるようになる」

公開する理由

私は娘に尋ねられた問題にいつも即答した。問われた時「そうか、彼女はこんなことに悩んでいたんだ」と察することが多かった。即答でも、私の全存在を賭けて正面から打ち返した。私と娘との一対一の真剣勝負であった。切り返す角度がまずいと反撃をくらい深手を負った。

私はいつも言った。

「生きていくうえで大事なことは三つある。一つは、自分の心を大事にして夢を見つけること、二つは、夢が実現するようにやれる限りの努力をして力を尽くすこと、三つは、よい運に出会えるように明るく楽しく元気に生きること」

娘はうなずいて聞いていた。私は、家族をとても面白いと思った。一緒に生活（時間と空間）を共有することで、お互いの生き方に影響を与え合うからだ。私は娘と真剣勝負を重ねることで、娘と「価値」がすり合わされた。私は娘と共に生活することで娘の人生にかかわることができた。

長女が大学に入学したのは、'99年であった。私はその時のことを『風に出会う』の「あとがき」に次のように書いた。


「これまで私が長い時間をかけて取り組んできたことが、だんだんはっきりした形になってきた。

第一が子育てだ。長女が今年、大学に入学した。ようやく一人目が何とかなりつつある。これは嬉しいことだ。あとは自分なりの仕事を見つけて、好きな男性と恋愛することができれば、それで私の役目は一段落つく。

子育てには随分と長い時間がかかる。大変な時もあったけれど、面白い時の方が断然多かった。いまでも三人の子供たちの一人一人とつき合っては楽しんでいる。早く自分の人生を生きられる人間になって欲しいと願っている。

末っ子はまだ小学五年生だ。この子の毎日は『ああ、面白かった』の連続になっている。自分で面白いことを見つけてくる。人生を面白く生きられるのは、一つの才能だと思う。この娘といっしょにいると、毎日が楽しくなる。

長女が高校三年の時、私と娘はいろいろなやりとりをした。周りにいる人がどのようなアドバイスをするかで、本人の運命は大きく変わる。

長男が高一なので、あと二年で大学受験を迎える。家族で唯一理科系の頭を持つ彼も、これからが正念場になる。

家族一人一人の心は、互いに影響を受けて複雑にからみ合いながらバランスを保っている。どんな問題が起こっても、全てを自分のこととして受け容れた時、解決方法が見えてくる」

会社も昔と比べて手がかからなくなった。昔は大変だった。二十九歳で会社を設立した当時は、いつまでこの会社が存続するのか自信が持てず定期券は一カ月分しか買えなかった。ライバルとの戦いに勝つ保証はどこにもなかった。私はニコニコしていたが、やるべき仕事は莫大で、毎日インベーダーゲームの最終局面を一人で戦っていた。毎夜、最終電車に飛び乗った。乗り遅れた夜は、教室の机を並べて寝袋で寝た。いつも、私が最後の一人であった。会社の借金も私が一人で背負った。一年三六五日の全てを働いた。一日二十四時間を会社のために捧げた。そうして会社はようやく前に進んだ。

私はライバルとの激戦を勝ち抜くために命をすり減らして戦った。会社は戦うたびに強くなった。私が心秘かに憧れていた売上百億円の会社になれたのが'99年であった。会社を設立して二十年目のことであった。私が会社を設立した時から胸に秘めていた願いがこれで一つ叶った。願いはもう一つあった。それは、TACを東証一部上場の会社にすることであった。

なぜ東証一部なのか？　の答えは簡単である。そうでなかったために、ヒドイ目に遭ったからだ。今でこそベンチャーという言葉があるが、私が会社を設立した当時は、ベンチャーという言葉すらない時代であった。会社を取り囲む環境は厳しかった。銀行には大変無礼に扱われ、公開していないという理由で大企業と取引することすらできなかった。官による規制や、民による規制が当時の日本には数多くあった。私は、TACを公開企業にしたい、それも一番上の東証一部上場がいいと、ずっと思って生きてきた。

現実にTACが公開に動くのは、ある事件がきっかけになった。米国の情報処理コンテンツを持つ企業との提携話を進めた時、TACが公開企業でなかったことが障害となった。米国では簡単に公開企業になることができた。公開企業は情報がオープンになるため信用があった。私はこれを契機にTACを公開企業にしようと思った。

公開直前(1)／N・Y・テロ

公開するためには、主幹事証券会社を決めなければならなかった。A証券の公開担当者は優秀であった。公開準備は順調に進んだ。ここで、証券界を揺るがす一大事件が起こった。山一證券が破綻したのだ。この時、証券業界は大混乱に陥った。A証券は組織を抜本的に変えた。そのため、TACの公開を担当していたチームの全員が退職した。新しいチームが担当することになったが、以前のチームと比べるとレベルと情熱で格段の差があった。

私は主幹事証券をA証券からB証券に変えようとした。だが、B証券は「自分たちが会社を選ぶ」と考えていた。おまけにB社の審査は実に厳格であった。私は東証一部まで最短距離で走ろうと思った。まずジャスダック市場に公開し、なるべく早く東証二部に上場し最短で東証一部まで行こうと考えた。

私はTACを設立して以来、いくつかのことに気を付けてきた。一つが「透明性」であった。世の中には、有象無象の会社が数多くうごめいていた。その中にあってTACだけはどこまでも透明で清く正しい会社であろうとした。そのためには、公開企業にすることが必要であった。私は、TACの透明性を高めて社会の発展に寄与することを第一に考えた。私は、会社が社会に存在する以上、事業を通して社会に貢献することを当然のことと考えた。母がそう教えてくれた。透明性と同時に社会への貢献を掲げたのは、そのためであった。

証券会社の公開担当者が、私に個人的な件で質問があると訪れた。私が「日本山岳耐久レース」に参加することを耳にしたらしい。彼はこのレースがあまりに危険であるため、公開資料の中に「リスク情報」として書く必要があるのではないかと心配していた。

長谷川恒男カップと名付けられたこの大会は、ソロクライマーとしてヨーロッパアルプスの三大北壁冬期単独初登攀という記録を達成した世界的クライマーである長谷川恒男氏の業績を讃えて始められた大会であった。奥多摩の山々を二十四時間かけて走り抜く鉄人レースであった。「耐久」という名が付くだけあって苛酷極まりないレースであった。私は苛酷なレースに飢えていた。危険であればあるほど、心が疼いた。私は数多くのウルトラマラソンに参加し、力の限りに走った。いつしか私は自分を不死身だと信じるようになった。週末になると鍛え上げた筋肉を駆使してウルトラランナーへと変身した。平日は会社で働き、「週末の疲れ」を癒した。私は一〇月上旬に開催される日本山岳耐久レースに焦点を合わせてトレーニングに励んだ。レースに参加した人の話を聞くだけで、私の血は沸き、肉は躍った。大雨が降って山道が泥んこになった時、選手が泥まみれになって走る話は圧巻だった。こんなに凄い大会はないと思った。

証券会社から公開の日程の概要が知らされた。公開予定日は一〇月二五日であった。九月下旬にロードショー（機関投資家回り）の日程が組まれていた。一〇月七日(土)・八日(日)に開催される山岳耐久レースは無事に参加できる日程であった。私は安堵した。

かつて、会社がベンチャーであった頃、私はリスクの塊の中を命懸けで駆けに駆けた。会社が形を整えつつある今日では、生命の危機を感じる機会は皆無になった。私はベンチャー時代と同様にハラハラ、ドキドキする生命の危機に遭遇したかった。私の心は母を失った寂しさに飢えていた。あえて苛酷なレースを走ることで、心の飢えを癒したかった。私の心は疼いて仕方がなかった。

TACの公開直前に世界を揺るがす大事件が起こった。「まさか」と思うような大惨事が起こり、新規に公開しようとしていた会社は「どうするか」の選択を迫られた。米国N.Y.で「9・11」テロが起こったのだ。私たちは目を丸くして驚いた。誰もが驚き混乱した。

証券会社の担当役員が言った。

「公開するか、しないかは、社長が決めてください」

世界中がパニックに陥った。どう考えるかが問われた。公開を中止（延期）するか、断行するかのいずれか一方を選ぶしかなかった。公開中止を決める会社が相次いだ。だが、私にはなぜ、皆が動揺するのかがわからなかった。私には「予定どおりに公開する」しか選択肢はないように思えた。イザという時、私の眼はよく見えた。

公開直前(2)／視界不良下の決断

ＴＡＣが公開する直前の'01年九月一一日に、アメリカがテロに襲われた。その日から、株式市場では先の読めない不安な日々が続いた。新規に公開した会社の初値は、公募価格を大幅に割り込んだ。株式市場は不安で総弱気になった。私は決断を迫られた。どうなるかは誰にもわからなかった。それでも、株式公開を予定どおり進めるか、延期するかのいずれかを選択しなければならなかった。公開中止を発表する企業が相次いだ。会社内部にも「よりによってこんな時にテロが起こるなんて」「やっぱり嫌な予感がしていたんだ」と後ろ向きな発言が相次いだ。私は「起こってしまったことを、とやかく言っても始まらない。次にどうするかだけを考えればいい」といたって冷静であった。九月一八日になって、ＴＡＣと公開予定日の近かった野村総合研究所までもが公開中止を発表した。

視界は全く不良で、情報は乏しかった。どちらに転んでもおかしくない状況の中で、前向きの結論を選ぶのは勇気のいることであった。私が考えたのは次の三点であった。

第一に、公開を延期したとしても、延期した将来に株価がどうなるかは不明であった。当時の日本経済は相変わらず悪く、米国の景気もどうなるか誰にも予想がつかない状況だった。たとえ延期したとしても、状況がよくなる保証はなかった。逆に、今より悪くなっている可能性すらあった。公開の延期を決める理由はどこにもなかった。公開の延期を発表する企業が相次ぐ中にあって、私は延期を決めた経営者が何を考えたのかを知りたかった。二通りあるかのように見える選択肢のうち、公開延期は悪手に思えてならなかった。

第二に、公開延期を決めた会社は業績に自信をなくしたのだろう、と私は勝手に理由を推測することにした。それに対して、当社の業績は順調であった。やはり、公開を予定どおり断行すべきだと思った。

第三に、「チャンスの時には、ひたすら駆けてチャンスをものにする」のが私の哲学であった。状況が悪くなったという理由で今のチャンスを見逃せば、いつ再びチャンスが訪れるかはわからなかった。状況は悪かったが、依然としてチャンスは続いていた。

九月一九日からロードショーが始まった。新たに公開する会社の経営者が機関投資家を訪問してビジネスプランや業績予測の説明をすることは、ロードショーと呼ばれている。私がロードショーに出かけた時、株式市場は絶不調であった。主幹事証券会社ですら、ロードショーで集める機関投資家の数に悲観的であった。だが、フタを開けてみると、二十四もの機関投資家から説明の申し込みがあった。これには証券会社も驚いた。

あるファンドマネージャーが私に尋ねた。「どうしてこんな時期に公開するのですか?」と。私は「全部の条件が満たされて公開するなら、それはとても幸せなことだと思う。だが、一つくらい条件が希望に添わなくても、チャンスがあるのなら、チャンスを捕まえて離さないのが私の哲学です」と答えた。

ロードショーは強行軍であった。体力がないと、とても勤まらなかった。朝から夜まで、私はTACのビジネスモデルを説明し続けた。私は、公開することがこんなに大変なことだとは思ってもみなかった。移動する車の中で、私はチョコレートとミカンを食べて元気をつけた。ロードショーを無事に終えた私は、一〇月七日(土)と八日(日)の二日間を走る日本山岳耐久レースに出場した。リュックサックの中に自分が飲む飲料水(二リットル以上)を持ち、夜の山道を照らすヘッドランプとピッケルを持った山男の群れが、奥多摩の山々を駆け巡るのだ。制限時間が二十四時間のレースだ。通常のマラソン大会は平地を走る。だが、山岳レースは、急勾配の山道を走る。しかも、夜通し走るのだ。

参加して驚いたのは、私の予想を遥かに越えたハードなレースだったことだ。こんなに大変なレースだとは思わなかった。私は「しまった」と参加したことを後悔した。物事に後悔しないはずの私が後悔したのだ。それくらいに厳しかった。皆が「苛酷なレース」と形容する理由がよくわかった。

証券会社の担当者は、私に出場を辞退してほしいと懇願していた。生命の危機を喜ぶ私に、トラブルがあったら困ると考えてのことであった。彼の気持ちはよくわかった。私は彼に必ず生還することを約束した。

公開直前(3)／山岳レースからの生還

私は分岐点になるたびに難しい道を選んで自分の生き方を組み立ててきた。決して普通には考えずに、社会的評価が低くてもワクワクして面白い道を選んだ。探すと、必ず急勾配の道があった。私は急勾配の獣道を一人でよじ登るのが普通のことになった。リスクがあればあるほど喜んだ。私は命懸けで全神経を集中させ道を拓いた。

私がなぜ、極限のレースに惹かれたのかの一つの答えがここにあった。私は体力のギリギリの限りにまでたどり着きたかった。私の心は、決して普通の努力で満足することを許さなかった。普通を越えた先のそのまた向こうまで自分を追い込まない限り、心は満たされなかった。心が飢えていた。私は自分の心が疼くのを止められなかった。しゃにむに懸命に限界に挑戦する他に、飢えから逃れる方法はなかった。

私は大学時代に広瀬川を眺めながら、心が飢えて仕方がなかった。広瀬川の全ての水を飲み尽くしても、私の青春の飢えは治まりそうもなかった。あの時と同じ強烈な飢えが私を襲っていた。

一〇月七日午後一時にスタートした山岳耐久レースは夜に入った。山は暮れるのが早い。五時を過ぎると真っ暗になった。コースの最高峰は三頭山であった。私はひたすら夜の山道を登った。暗黒の闇では、ヘッドランプと懐中電灯だけが頼りであった。雨が降ってきた。白いモヤが発生したかと思うと、あたりは一面の霧になった。道の識別が難しくなった。山道には、草の根が張っていた。私は足をとられて転倒した。そのはずみで、手に持っていた懐中電灯を霧の中で見失った。これで、ヘッドランプだけで足もとを照らすことになった。

汗が顔からしたたり落ちた。驚くほどの汗の量だった。喉が渇き、浴びるように水を飲んだ。持ち込んだ水が残り少なくなった。三頭山までの登りがきつかった。雨が降り続いた。額から汗がポタポタと地面に落ちた。ハァハァと息を荒げた。ランナーたちは急な登りに困惑し、うめき声を上げた。果てしなく急勾配の石段が続いた。一段ずつ山の斜面を這うように登った。石段と岩とが混じり合う登り斜面で、岩をつかもうとした私の手が、柔らかい物体に触った。見ると、人の腕であった。石段の途中で疲労困憊したランナーが、そのまま眠りこけていた。見渡すと、石段の両側の草むらに、ランナーたちが眠っていた。

石段を這い上がる途中でダウンしたらしい。私は限界と格闘して三頭山の頂上にたどり着くことができた。「ここまで来れば後は何とかなる」私は楽観的に考えた。だが、これは間違っていた。この後が正念場になった。

雨が降り続いたため、粘土質の土に水が加わりドロドロの山道になった。足が滑った。思い切りスピードを上げて下りの山道を駆け下りた私は、木の根に足をとられて空中に飛び上がった。運よく空中で一回転すると、尻から落下した。尾てい骨が痛かった。次に下りのカーブでは、曲がり切れずに草むらの中に直進した。草むらはすぐに途切れて崖になった。私の体は勢い余って空中に飛び出した。体が崖から落下した瞬間、私は崖に生えていた草にしがみつき体が落下するのを防いだ。滑り落ちながら次々に草をつかんで離さなかった。草は切れずに私の体を支えてくれた。草がこんなに丈夫だとは知らなかった。粘土質になってツルツルと滑る急勾配の山道を、私は危険も省みずに駆け下りた。カーブを曲がり切れずに崖下に転落しそうになったのは三度に及んだ。私は三度とも草にしがみつき、崖下への転落を免れた。今思い返しても、危険極まりない行為であった。

深夜から早朝にかけて、私は大岳山を走っていた。眠気のために頭が回らなかった。私は道に迷い、岩場にたどり着いた。岩場は、垂直にそそり立つ岩壁になった。私はこの岩壁を命綱もなく素手で登っていた。岩壁から見下ろすと、遥か下には緑の木々があった。私が手を離せばそのまま落下して生命を落とす岩壁を何も考えずに登っていた。

夜が明けて、太陽がキラリと光を放った。鳥たちがざわめいた。私は太陽の光に照らし出された。ここで、ようやく私の意識が戻った。私は自分がどこにいるのかがわかった。同時に、絶対絶命のピンチにさらされていることもわかった。「まずい」と思った。私はとんでもないことをしていた。私の生命は危機に瀕していた。私は左手を動かして、上に移る岩を探した。動かない岩であることを確認すると、左手に体重を移動させながら、頭を上に上げた。その瞬間、頭が上にあった巨大な岩にぶつかった。ガツンと大きな音がした。目から火花が飛び散った。

ここで手を離したら、それが私の生命の最後であった。私は激痛を懸命にこらえた。今度は、目から涙がこぼれた。私は、ここで死ぬ訳にはいかないと堪えた。私は頭上の大岩をよじ登った。

私は山岳耐久レースを無事に完走し、約束どおりに生還することができた。だが、頭にはデカイ「タンコブ」ができた。

公開前夜の電話

私は家族に公開の話は一切していなかった。一〇月二四日は公開前日であった。「ここまでくれば明日は公開できる」とようやく確信が持てた。私は家族に明日の公開のことを話しておこうと思い妻に電話した。「大事な話があるので家族全員で私の帰りを待つように」妻は驚いて尋ねた。「一体何が起こったの？」私は電話ではなくじかに話したかったので答えた。「要件は今は話せない。帰ったら話す」

夜、帰宅して「ただいま」と言っても返事がなかった。私は「いい話」をしようと勇んで帰宅したのに、家は静まり返っていた。どうしたのだろうと不思議に思いながら二階の居間に行くと、すすり泣く声がした。見ると三人の子供たちがうなだれて涙ぐんでいた。大学生の長女も、高校生の長男も、中学生の次女も、目を赤く腫らしていた。私は何事が起こったのかわからなかった。

妻が切り出した。「とうとう会社が倒産するのですね。前からおかしいと思っていました」

私は何のことかわからずに聞き返した。「そんなこと、誰が言ったの？」「あなたが電話で言ったじゃないですか」「私は大事な話があるって言っただけだよ」「大事な話なら、会社が倒産するに決まってるでしょ」「？？？」

私は結婚して以来、妻に一つのことを言い続けてきた。「私に万が一のことがあったら、絶対に相続は放棄しなさい」と。起業家はお金に苦労させられた。個人的に莫大な借金があった。会社の借金にも連帯保証をしていた。会社が倒産したら、私は借金の塊の中で身動きがとれずに終わってしまう。会社の株券は紙クズ同然であった。会社が倒産して私が死んだ場合、遺産をそのまま相続すると膨大な借金を全部引き受けることになる。私はいつ死ぬかわからないタイプの人間だったので、妻に「私も会社も、いつどうなるかわからない。駄目になった場合には、相続を放棄して子供を連れて実家に帰りなさい」とことあるごとに言ってきた。

私が話した「大事な話」は妻には「会社がとうとう倒産する」と聞こえたらしい。妻は大学生の長女と高校生の長男に「学校を辞めて働きに出るように」と言い渡した。中学生の次女には「義務教育が終わるまでは学校に行っていいが、高校へは進学せずに働くように」と言い渡した。私は「大事な話」の本当のことを話した。「明日は会社が公開する。

だから、学校は辞めなくていいんだ」そう話すと、子供たちの顔に明るさが戻った。妻は「どうしてそれを早く言ってくれないの」となじった。私は「どうして早とちりするの」と返した。本当にあった笑えない話である。

翌一〇月二五日、TACはジャスダック市場に公開した。初値（千七百六十円）は公募価格（千円）を大幅に上回った。株価が時々刻々と動いた。そのたびに、会社の時価総額が変動した。初めのうちは落ち着かなかったが、数日で慣れた。

新たに公開する会社には厳しい審査が課せられた。これらの厳格なチェックに耐えられる会社はごく少数しかなかった。公開が「勲章」と呼ばれるのも、そのためであった。皆に「おめでとうございます」と誉められた。世間的には、快挙であった。

公開を待たずにTACを去った人たちのことが思い出された。自分なりの生き方を求めて会社を去った人たちであった。私は彼ら一人一人に感謝した。ガンと壮絶な闘いをして亡くなったSA氏のことを思い起こすと胸がしめつけられた。彼の功績に報いることができなかったことを恥じた。

公開してよかったことは何ですか、と尋ねられることがあった。教科書的には、会社の知名度が上がる、信用力がつく、人を募集しやすくなる等と書かれている。だが、そんなことはない。ジャスダックに公開している会社の数は多い。その中の一つになったくらいで、それほど変わるものではない。公開しただけで、劇的に何かが変わると期待しても幻想に終わる。

私が、公開してよかったと思った点は、会社内部でできない言い訳が許されなくなった点だ。月次決算や棚卸にかかる時間は短縮され、かつ正確になった。公開したことで、デッドライン（締切り）が厳しく守られるようになった。おかげで会社はレベルアップした。公開した後になって考えてみると、公開前は随分と適当であった。

青年実業家への憧れ

公開すると「会ってくれ」とやってくる人が多くなった。公開した後のほうが公開前より圧倒的に忙しくなった。公開する前は随分と暇だった。私の部屋から夜景を見ていた時、ふいに遠い昔の記憶を思い出した。記憶は、私の少年時代にまで遡った。

当時、私は手塚治虫マンガのファンであった。彼が描いたマンガの一つに青年実業家が主人公のマンガがあった。私はこの「青年実業家」という言葉に憧れた。その青年実業家が、ビルの最上階から東京の街を見下ろしていた。あのマンガの一コマと全く同じことを私はしていたのだ。ようやく気が付いた。私は人生の選択で無意識のうちにビジネスの道を選んでいた。その無意識は、実は手塚治虫マンガに大きな影響を受けていたのだ。

青年実業家は、週末になると乞食になった。橋のたもとで道行く人の姿を下から見上げていた。平日は財閥のトップとして君臨しながらも週末になると乞食に変身したのだ。私は幼心に凄い生き方だと感心し、私もこうなりたいと憧れた。

会社がジャスダックに公開した時、私は五十歳になっていた。私は正直なところ、もっと若い年齢の時に公開したかった。手塚マンガの主人公は「青年」実業家であったからだ。リアルの世界で勝ち抜くには、思わぬ時間がかかった。手塚マンガの主人公は、週末に乞食に変身して現実の本当の世界を体験した。私は週末にウルトラランナーに変身して体力の限界と格闘した。

公開すると、決算発表が大変だった。決算発表と共に翌期の予算数値も公表することが義務付けられた。一年後に売上や利益がどうなるのかを予測して発表するのだ。環境が時々刻々と動く中で、予算数値の正確さを期すのは難しかった。一定の幅でなら表現できても、一つの数字での発表は至難の技であった。そのうえ予算を達成できないと「未達でしたね」と叱責を受けることになった。

決算発表が終わると、機関投資家から個別のミーティングを求められた。ある時、機関投資家回りの最中にタクシーが渋滞に巻き込まれ三田で動けなくなった。証券会社の人と会社のIR責任者それに私の三人は、タクシーを降りると地下鉄の駅まで走った。ギリギリで地下鉄に飛び乗ると、大手町で降りて駅構内を駆け回った。ようやく地上に出ると一瞬で弁当を食べ終え次のミーティングに臨んだ。私は駆けながら食べるのが得意で面白かった。私以外の二人はふーふーと息をはずませ目を白黒させせて弁当をかき込んだ。公開すると体力がないとやっていられない。

公開した私の感想は「こんなものか」であった。世間の人が「上場」を褒めそやすのは外側から見た格好のよさに過ぎなかった。実際に内側に入ってみると、たいしたものではなかった。それでも私は最短で東証二部に上場しようと思った。さらには東証一部にまでやはり最短で駆け上がろうと思った。そこに何もないことはわかっていたが、世の人が言う「最高峰」まで一気に駆け上がろうと思った。

会社はジャスダックに公開した直後から、次の東証二部上場を目指して動き出した。売上は順調であった。

'98年　93億円
'99年　105億円
'00年　133億円
'01年　152億円
'02年　171億円

会社を設立して十九年もかかって売上百億円の壁を越えたのに、その二年後には一五〇億円の売上を突破した。一気に東証二部上場を狙えるタイミングになった。タイミングに恵まれているうちに思い切り駆け抜けるのが勝負の鉄則であった。私たちは駆けに駆けた。

'03年一月、ジャスダックに公開した一年三カ月後にTACは東証二部に上場することができた。むろん上場記念パーティは開かなかった。格好をつけても関係ないと思ったからだ。ちなみに、私は黒塗りの専用車を持たない。サラリーマン社長は、黒塗りの社長専用車に憧れるが、私は地下鉄かタクシーを利用する。ある調査で社長専用車の稼働率を調べたところ八%しか利用されていないことが判明した。合理的に考えたらイラナイのだ。それでも「ないと格好が悪い」と思う社長が多い。いまだに「上場会社の社長専用車は必要だ」という常識がある。その常識と正面から戦っているのは、私一人かもしれない。

魂の孤独

公開の騒がしさが一段落した時、私の魂は孤独であった。世間の人にいくら褒められても、何の意味もなかった。私が心の底から褒めてほしいと願う人は、もはやいなかった。私は、母に「よくやったね」と褒めてもらいたかった。私をずっと応援し支えてくれた母がいてくれたおかげで、私は何とかなることができた。その母に「よかったね」と一言でいいから言ってほしかった。だが、母はすでに逝っていなかった。

「どうして、待っていてくれなかったの。私はあなた（母）に褒めてもらいたくて、ここまでやってきたのに」

会社の公開を、一番喜んでくれるはずの母のいないことが無念でたまらなかった。私は、母に褒めてもらいたくて、これまで懸命に生きてきたことを知った。母のいないことが無性に悲しかった。手を取り合って心の底から喜んでくれる母がいなくて、私の心は寂しくて悲しくてたまらなかった。私の魂が孤独に泣いた。

「一体私は誰のために戦ってきたのだろう。これまで私は、何のために命を懸けて生きてきたのだろう」

母に逝かれた後、私の心は空白の中にあった。生きていくのが辛くて虚しかった。愛する人と別れても、人はなお生きていかねばならなかった。私の心に飢えが起こった。愛する母と別れ、私の心は葛藤していた。私の魂は、純粋であるがゆえに、母の死を受け入れる苦しみに、のたうち回った。魂が虚しくて泣いた。あの時の悲しみが公開により甦《よみがえ》った。

マズローは欲求五段階説を唱えた。彼は第五段階目の最上位に有名な「自己実現欲求」を置いた。私はこれは間違っていると思った。人がいくら自己実現しても、それを褒めてくれる最愛の人がいない限り虚しい。マズローは第四段階目に「人に認めてもらいたい」欲求を掲げた。私はこの欲求こそが最上位にくる欲求だと思った。

美空ひばりが亡くなって十六年が過ぎた。彼女は昭和を代表する歌手であった。だが、生前の彼女はＮＨＫや新聞社と闘っていた。弟が暴力団と関係しているとして、ＮＨＫは紅白歌合戦で「トリ」を歌っていた彼女を降ろした。それから、彼女はＮＨＫと長きにわたり闘った。マスコミは彼女への攻撃を執拗に続けた。その最中に美空ひばりの母親が亡くなった。彼女の才能を見いだし応援し続けた最高のパートナーであった母親が亡くなった時、彼女は涙ながらに語った。

「私はこれから一体誰のために歌ったらいいの?」

新聞社の社会部の記者はこの言葉を聞き逃さなかった。翌日の社会面のトップに彼女の言葉を批判する記事が掲載された。概要は次のとおりであった。

「歌手はお客様のために歌う職業のはずなのに彼女はこのような言葉を口にした。これは傲慢で許されないことだ」

私はこの時の記事のことを鮮明に覚えている。最初に、私はなぜ彼女がこのような発言をしたのかがわからなかった。彼女のかけがえのない母親が逝った時に吐いた魂の悲鳴のような言葉の意味を、私は理解できずにいた。次に、最愛の人を亡くして悲嘆にくれる彼女に、マスコミは追い討ちをかけて叩いた。私はマスコミの底意地の悪さに慄然とした。

私が美空ひばりの嘆いた言葉の意味を本当に理解したのは、それから八年後、私に溢れる愛情を注いで育ててくれた母親を亡くした時のことであった。この時、私は初めて美空ひばりが語った言葉の意味を理解した
「あなたに去られたら、私は誰のために生きたらいいのですか?」

かけがえのない大切な母親を亡くした時、子は生きる価値を見失うほどのショックを受

ける。美空ひばりは母親に聞いてほしくて歌を歌ってきた。母親にだけ褒めてほしかったのだ。私は母に褒めてほしくて会社の公開準備を進めた。心の底から褒めてくれる人を失った彼女と私は、悲しみのどん底で泣き叫んだ。

その後、マスコミは掌を返したように彼女と和解した。それから彼女は病と闘い壮絶な最期を遂げた。今では、ＮＨＫもマスコミもあれだけ「叩いた」美空ひばりを神様のように祭り上げている。マスコミとその背後にいる日本人の嫉妬深さと掌の返しようは凄まじいと私は思う。

私はかつて公認会計士試験に合格した時のことを思い出した。私の合格を心待ちにしていた仙台の女性は、すでにいなかった。せっかく手に入れた公認会計士の資格が、私には色褪せて見えた。合格したことで彼女と別れた虚しさが、いっそう深く私を包んだ。あの時、私は自分のビジネスを始めることにエネルギーの矛先を向けた。

会社を公開した時、母を失った虚しさが甦り、私は魂の孤独を深めた。私はウルトラマラソンに矛先を向け生命の冒険を求めた。

靭帯を切断する

'02年は多忙な年であった。会社は'01年一〇月下旬にジャスダックに公開した後、ひき続いて東証二部への最短での上場を準備中であった。TACは機関投資家の関心を集めて個別ミーティングの希望が多く寄せられた。私は対応に追われた。

一方で週末になると、私はウルトラランナーへと変身して生命の冒険を求めた。仕事では頭脳を使い、ウルトラマラソンでは筋肉を使った。長距離を走った翌日は、筋肉がジンジンとうなった。この感じがたまらなく嬉しかった。走ると足の筋肉が逞《たくま》しくなる。人と会って話をしている時にウルトラマラソンの話をすると、私の足に興味を持つ人が多かった。その時にはズボンの裾をまくりあげ足の筋肉を見せた。「オオッ!」と相手の目が点になった。「触ってもいいですか?」と尋ねられることも多かった。「どうぞ、どうぞ」と言ってムキムキと引き締まった筋肉に触ってもらった。またしても「オオッ!」と感嘆の声が上がった。

走っていると尻の筋肉が引き締まる。小さな筋肉質の尻になるのだ。走る仲間からは「いいケツしてるね」と褒められた。さらに言うと、実は私の尻にはエクボがあった。一緒に風呂に入ったランナーに指摘されて初めて自分でも気付いた。それ以来、風呂に入るたびに鏡の前で尻のエクボを確認した。残念なことに、パンツは下げられないので、人には見せられない。

'02年一月には、沖縄の宮古島で百キロマラソンを走った。朝五時にスタートしたが、まだ空には満天の星があった。星はこれまで見たことがないくらいに輝いていた。島はサトウキビ畑が多かった。そのため、地平線はかなたからぐるりと見渡すことができた。私は宮古島の風に当たりながら、この島が好きになった。

二月は雪の残る大山に登った。アイゼンをつけて雪の上を歩いた。下り道で雪が少なくなったのでアイゼンをはずした。氷状になった雪の塊が下り道を塞いでいた。私は不用意に雪の上に体重をのせた。その瞬間、左足が雪上を滑降し体が引っ張られた。右足も最後に引っ張られた。見ると右足が引っくり返り、足の裏側が表になった。「ぷつん」と大きな音が静かな山に響いた。何かが切れた音であった。雪の塊がなくなり滑降が停まった。立ち上がろうとした時、右膝に激痛が走った。何事が起こったのかはわからなかった。

ちょっと痛かったが我慢できるのでそっと歩いて下山した。

翌日、私は整形外科で診察を受けた。

「右足の靭帯が切れています。それにしても、よく下山できましたね。普通の人なら歩けなくてタンカで運ばれるところでした。あなたは筋肉がもの凄く発達しているので靭帯の代わりに筋肉が骨を支えてくれたのです」

足の骨と骨とは、関節のところで靭帯でつながっている。その靭帯が切れると通常は足がブラつくので歩けなくなる。私は靭帯が切れても筋肉が発達して強かったので靭帯の代わりに足の骨を支えてくれた。全治二カ月と診断された。

私は一カ月後に開催される韓国の済州島二百キロマラソンにエントリーしていた。先生にそのことを話すと、目を点にして驚いた。「靭帯が切れたのに一カ月後に二百キロも走るなんて無茶な話は聞いたことがない！」と絶句した。その時の私は、自分を不死身だと思っていた。どんな無理なことでも、自分にならできる、と生命力に絶対の自信を持っていた。私は「先生が何と言おうと出場します」と脅した。先生は私の説得を諦めた。

「靭帯が治っていないのに長距離を走ったら、間違いなく激痛が襲います。私がやめろと言っても言うことを聞かないのなら、痛み止めの薬を処方しましょう。それを飲みながら走ったらいいです。効果は二時間後に出ますから早めに飲むように。とても強い薬です」

先生は私の右膝をサポーターで固定した。若干不自由であったが、すぐに慣れた。杖は使わなくて済んだ。

薬局で「ボルタレン」という薬を購入した。説明書には「眠気、めまいが起きたり、眼がかすむことがあります」と書かれていた。

サポーターをはずしたのは、一カ月後のレース当日であった。右足を自由に動かすことができて嬉しかったが、まだ動きはぎこちなかった。この足で果たして何キロまで走れるのだろうか。私は病み上がりの右足を抱え不安のままレースに臨んだ。

当日は百キロ手前で痛みに襲われ鎮痛薬を服用した。疲れ切った体に薬は効いた。私は生まれて初めて幻覚を見、幻聴を聞いた。この時、私の生命は危機に瀕した。

幻覚と幻聴の済州島

'02年三月一六日午前五時にレースがスタートした。済州島の外周を一回りするのに12号線を主に走るのだが、二百キロになるように道が入り組んでいた。道路標識は全てハングルであるため、道に迷うことが多かった。右足の調子に注意しながら、私はゆっくりと走った。

走っていて困ったことは、トイレと自販機とコンビニのないことであった。日本には当たり前にあるこの三つが、済州島にはなかった。まず、公衆トイレがどこにもなかった。島は風が強く、目隠しになるような木立も少なかった。海岸沿いは、見渡す限りの平地であった。男性の私ですらトイレをする場所に困った。丸見えなのだ。女性ランナーは目が点になった。自動販売機はいくら探してもなかった。日本と韓国では文化が違うことに気が付いた。日本は世界レベルで考えれば特異な国であった。中にギッシリとお金の詰まった自販機が外に野ざらしで置かれているのだ。通常なら犯罪の対象になる。日本にはコンビニが至る所にあって欲しい食料を調達できた。だが、済州島には皆無であった。済州島の海岸線には沿岸警備隊の兵士が塹壕の中に身を隠して防禦《ぼうぎょ》に当たっていた。彼らは徴兵制で集められた若者たちであった。どこかにあどけなさの残る兵士たちであった。

夜になって右足が痛み出した。触ると熱があった。骨が石臼でひかれたようにゴリゴリした鈍い痛みになった。私がそれまで経験したことのない痛さだった。とうとう恐れていたことが起こった。私はたまらずに痛み止めの薬を飲んだ。

それから二時間後、私は強烈な睡魔に襲われた。後ろから頭をぶん殴られたように急に足がもつれ頭が回らなくなった。まっすぐ前に進むことができなくなった。これほどまでに強烈な睡魔を、私は体験したことがなかった。一刻も早くこのまま眠りたいと願った。足の痛みは全く感じなくなった。痛み止めの薬の正体がよくわかった。先生が「とても強い薬です」と言った意味がわかった。私の全ての感覚は麻痺した。

私は持ち前の強靱な精神力だけで、眠りながら走った。ふと前を見ると、道の先にエイドステーションがあった。多くのランナーがテーブルを囲んで酒を飲み交わしていた。真夜中の山道にどうしてエイドがあるのだろうか、どうして多数のランナーがいるのだろうか、と不思議でならなかった。近付くと、エイドも人々の姿も、なかった。私は茫然とその場に立ちすくんだ。ようやく幻覚を見たことに気付いた。

遠くに目をやると、若い男と女が全裸で抱き合っていた。キスをして愛の言葉を囁《ささや》き手は腰にあった。私は「おっ」と驚いて目をこすったが、目をこするたびに男女は激しく体をからみ合わせた。もっとよく見ようと近付くと、人はどこにもいなかった。木の枝が、人の姿に変わったのだ。やがて木の枝の全てが、若い男女に姿を変えた。風が吹くと木の枝が揺れ、男女の抱擁が始まった。私の目の前で何十組もの男女が全裸で抱き合い指を動かしていた。駄目だ。私の視界に映る全てが全裸の男女の抱擁になった。

私は愛欲と性欲の森をフラフラと走った。目を上げると濃厚なラブシーンばかりになるので、私は目を伏せて走った。そのうち私の耳に、沿道の人々の声が聞こえてきた。真夜中の二時で山の中なのに、道の両側には私を応援する大勢の人々が歓声を上げていた。私はワァーという歓声に包まれた。皆、私に拍手をし、手を差し出していた。私は応援する人々に応えようと、道の端に寄って手を合わせようとした。だが、沿道に人はいなかった。群集と見えたのは、道端の草であった。

そこは切り立った崖であった。私は「あっ!」と大声を上げると体が宙に浮かんだ。フワリと全身が自由になった。数秒後に岩に激突した。グシャッと音がした。私の内臓がやられた音だ。岩からズリ落ちると、体はそのまま崖下へと転落した。最後にゴツンと大きな音がして頭を岩に強打した。

私は目の前が真っ暗になり気を失った。不思議なことに何も感じなかった。私はこのまま生命が終わるのかと思った。静かな闇が広がっていた。暗くて深い闇であった。こんなに簡単に死んではいけないのに、と私の生命に申し訳ない気持ちで一杯になった。

遠くで声がした。その声で意識が戻り、目が開いた。手足に命じると、手足も動いた。まだ生きていた。あれだけ内臓と頭を強打したのに痛みを全く感じることがなかったのは、鎮痛薬のせいであった。

崖を這い上がると、三十代後半の男性が心配そうに声をかけてきた。彼は偶然に私が崖下に転落したのを目撃して駆けつけてくれた。彼は、私を病院に連れていこうと言った。だが、私は言葉の通じない外国で救急病院に入りたくなかった。大丈夫だからと言うと、心配する彼の手を振り切った。

私は走りを再開した。首すじに黒い液体が流れていた。街灯の下でよく見ると血であった。岩に強打した時の出血だった。だが、私は何の痛みも感じなかった。内臓の打撲で生命が十年は縮まったと思った。それでも、一切の感覚がなかった。生と死との境界線が溶けてなくなっていた。私は感覚を麻痺させたまま幻覚と幻聴の中を走る無謀さに気付いて戦慄が走った。こんなところで死ぬわけにはいかないと焦った。

突然、私の目の前に大会関係車が停まった。車の中から男性が降りて叫んだ。

「逆走しています。ゴールは逆です！」

私は崖下に転落して這い上がった時に、走る方向を逆に間違えたらしい。私はこれを神様からの合図だと受け止めて、リタイアすることにした。韓国人のスタッフたちは信じられない顔をして私を見た。ここでリタイアしたら、ここまで頑張った分が無駄になります。僕たちが応援しますから、もっと頑張りましょう、と励ましてくれた。私は韓国人の負けん気と頑張り魂に感心した。だが、私の内臓は物を言わないが、瀕死の状態にあった。脳もひどい打撲を受けて、脳出血している可能性があった。この状態で走りを続行してはいけないと思った。

私は正式にリタイアを表明した。韓国人スタッフは私を宿泊先のホテルまで運んでくれた。私はベッドの上で、意識が朦朧としたまま死んだように眠り続けた。この時、私は脳出血していたことを後で知った。

ガンと脳梗塞

'01年一二月に会社で加入していた保険会社を変更した時に血液検査を受けた。自宅に検査結果が送られてきたが、私は封を開けていなかった。

翌年一月中旬に保険会社の人から連絡が入った。「その後、どうされましたか？」と尋ねられた。初めのうちは何のことやら要領を得なかった。粘って聞き出すと、実は血液検査項目に腫瘍マーカーがあり異常値を示していると彼に告げられた。今の医学は、血液検査だけで腫瘍を発見できるレベルに上がっていた。そして、この私がガンかもしれないことに驚いた。

早速検査結果を開封した。確かに腫瘍マーカーが異常値を示していた。消化器系に腫瘍のある確率が高いとあった。ガンのある場所まで特定できるんだと、またも感心した。

私は自分の体がガンに蝕まれていようとは、全く考えたことがなかった。そのため、自分でもびっくりした。だが、考えてみれば、私は体に無理を強いて生きてきた。体のどこかに異常があってもおかしくないと妙に納得した。体にガンがあるのなら、早期治療に限る。一刻も早くガンを切り取ろうと思った。

一二月は一年で最も過密な日程が組まれ多忙であった。知人に頼んでガンを発見する最有力な方法を探してもらった。その結果、PETがよいことを知った。ガン細胞は盛んに増殖する。そのため通常の細胞の三〜八倍もの消費量でぶどう糖を吸収する。これを利用して微量の放射線を含むぶどう糖液を注射して、その後細胞がどのように吸収するかを検査するのだ。ガン細胞があると猛烈な勢いでぶどう糖を食べるため、画像にその箇所だけ黒ずんで映る。PETは一ミリ単位でガン細胞を見分けることのできるきわめて優れた検査機械であった。当時の日本にはPETを設置している病院が少なかった。

米国や韓国に比べ、日本ではPETの普及が遅れていた。民間施設で初の検査機関を見つけて電話で予約した。四十日待ちで二月二七日が検査日になった。

その日、私はMRI検査とPET検査の両方を受けた。私はガンかどうかだけに気をとられていた。PET検査では異常がなかった。あれだけ心配したのに、何ともなかった。私は腫瘍マーカーの検査結果が確率で表現されていたことを思い出した。確か腫瘍のある確率は八七・五％と書かれていた。「まあいいか」とホッと胸をなでおろした。だが、MR

Ｉの断層画像を見ていた医師が、画面を凝視して浮かない顔をした。

「脳に何カ所か梗塞の跡があります。しかも、つい最近にも梗塞を起こしています。体の一部が動かなくなったとか、何か異常がありませんでしたか？」

ガンの疑いが消えて安心した私は、脳梗塞と聞いても反応しづらかった。医師は私に頭の断層画像を見せて説明してくれた。医師の言うように、脳のアチコチが白くなっていた。これが脳梗塞の跡らしかった。医師がさらに画像を処理すると、最近起こった脳梗塞の箇所が緑色に転換された。見ると、数箇所の梗塞が最近起こっていた。私は唸った。私は、この情報を自分の中でどう位置付けたらよいのかがわからなかった。生命にかかわることなのかどうかを知るために、医師の言葉に耳を傾けた。医師はこうも言った。

「一定以上の年齢になると、確かに隠れ脳梗塞は起こりやすくなります」

私は、この言葉を聞いて「そうか、みんなそうなんだ」と軽く受け止めることにした。本当は、隠れ脳梗塞の起こるタイプの人は、そうならないように日常生活で細心の注意を払う必要があった。こうして私は絶好の合図を見逃した。

私は脳梗塞の話を聞きながら持病になった頭痛のことが気になっていた。私の睡眠不足は慢性になり、体を蝕んでいた。車の運転席に座っただけで居眠りを始めたし、電車では座席に座った途端に深い眠りに落ちた。長女が中学生の時に娘の学園の理事が亡くなった。葬儀に参列するため、早起きして食事を取ろうとした時、私の後頭部を激痛が襲った。ドクッ、ドクッと血液の流れる大きな音が頭の中いっぱいに響いた。私は頭部を鈍器で思い切り殴られたような激痛に襲われて体を動かすことすらできなくなった。

それが、私が頭痛に襲われた最初の日であった。それ以来、寝不足の日になると、私の頭は割れたように痛くなった。後頭部にドン、ドンと殴られたような鈍い痛みが走った。マラソンを走るようになってから、頭痛はいっそうひどくなった。

さくら道

私は頭痛の原因をつきとめるために、東京女子医科大学の脳神経外科を訪ねた。何とかならないのかという思いがあった。治療することができるものなら、何としても治したいと思った。さまざまな検査を受けたが、医師は最後に「原因不明です」と言った。頭痛が起こるメカニズムはいろいろあった。私は頭痛で病院に行っても原因不明と言われるだけで治しようがないのだ、と治療を諦めた。本当はこれくらいで諦めてはいけなかった。私は体から送られてきた合図に気付きながらも、治療する絶好の機会を見逃した。

走る仲間は早起きだった。だが、私は平日は夜遅くまで仕事と格闘していた。特に金曜日の夜は、その週にこなせなかった仕事を片付けるため、深夜まで働いた。土曜の早朝練習の約束の時間に駆けつけるのは苦痛であった。睡眠時間が削られ、頭痛をひき起こした。日曜も早朝練習に参加した。山を走ったり、フルマラソンを走ったりした。体の筋肉は引き締まったが、一方では頭痛に襲われた。

消化器系のガンは内視鏡で検査するのが一般的であった。PET検査では異常なしと判定されたが、完璧を期すために虎ノ門病院で内視鏡検査を受けた。下剤を大量に飲まされた。下からの内視鏡検査であった。生まれて初めての経験だった。やはりガンは見つからなかった。

日本のウルトラマラソンの最高峰に「さくら道」がある。太平洋の名古屋から日本海の金沢までを横断するレースだ。走行距離は二七〇キロに及ぶ。これを制限時間四十八時間で走るのだ。このレースは参加申込順に締め切られる。しかも即日で申込みが締め切られるくらいに人気がある。日本のウルトラランナーに圧倒的な人気を誇るレースである。

四十八時間をどう使うのかは、ランナーに任せられている。眠りたければ、いくら眠ってもいい。眠らずに走り抜こうとすると、睡魔との戦いになる。二十四時間を眠らずに走るだけでも、死にたくなるくらいに辛い。それを四十八時間も眠らずに走るのだ。その辛さたるや私の想像を遥かに越えている。体中が疲労困憊しても、なお眠らずに走るのだ。私は「危ない」と自分で思った。私なら眠りながらも走ってしまうからだ。それは死と隣り合わせにある、危険な冒険でもあった。

私は'01年に最初の「さくら道」に挑戦した。名古屋をスタートし、岐阜から郡上八幡を走り過ぎた。長良川沿いに白山に登ると二十四時間が過ぎた。あと二十四時間も走るのかと思うと、茫然として気が遠くなりそうであった。

二日目の夕方に白川郷にたどり着いた。合掌造りの家々は春の色に包まれていた。やがて夜になった。私は二日目の夜を走り切る自信がなかった。一八三キロ地点でリタイアした。

翌'02年四月二八日、私は二回目の「さくら道」に挑戦した。右足は不調であった。靭帯を切った右足では全盛時の半分しか走れなかった。走り続けると鈍い痛みに襲われた。調子が悪いうえに会社が忙しかった。取材や決算で目まぐるしい日々が続いた。その合間を縫っての「さくら道」であった。

白川郷から先が問題であった。山々は天に向かって高くそびえ、かつ険しかった。上りのトンネルはどこまでも続いた。富山県の福光町（現・南砺市福光）に二日目の夜一一時に到着した。和菓子店がエイドを出していた。おばさんが「寒くなるからコレを飲むといい」と言い日本酒を勧めてくれた。これが効いた。私はフラつきながらエイドを出た。足がよろめいた。

福光町から石川県境にかけて、深い山々が連なっていた。日本酒が体中にしみ渡り、私の頭脳は使いものにならなくなった。済州島では、痛み止めの薬を飲んだために、感覚が麻痺して生命の危機にさらされた。福光町のエイドで飲んだ日本酒は疲労困憊した私の体にしみ込むと、正常な感覚を奪った。私は一人で闇の中に入った。意識が完全になくなった。

ふいに後ろで人の声が聞こえた。その声で暗闇の中から意識が戻された。

「蛇行してますよ。大丈夫ですか?」

私は熟睡しながらも走っていた。彼は、私に声を掛けるとそのまま走り去った。私は「このまま眠りたい」という強烈な衝動にかられた。それでも、もう一人の私が阻止した。何という精神の強さなのだろう、と我ながら呆然としてしまう。私のよい点であるが、同時に命取りになる点であった。どんなに強烈な睡魔に襲われても、私は強靭な精神力だけで走った。これは死と隣り合わせにある危険な行為であった。

雨が降っていた。体が芯から寒くなった。寒さの中で、またも私の意識は遠のき、やがて完全に途切れた。私の生命に危機が訪れようとしていた。

大型トラックとの遭遇

さくら道レースで疲労困憊した挙げ句に日本酒を飲んだ私は、泥酔し意識が完全になくなった。それでも私の体は、無意識のうちに蛇行しながら走っていた。雨が降り視界は悪かった。石川県境の国道は、時に大型トラックが猛スピードで通り過ぎた。私は暗闇の中を熟睡したまま走った。

ふいに大音響が鳴り響いた。ブォーッ、ブォーッと象がうなり声を上げていた。深い眠りに落ちていた私の意識は、この音で現実に引き戻された。

黄色いライトの光が、私の顔を直撃した。私は眼前からのライトに照らし出されていた。闇の中で、黄色いライトは雨の水滴と私とを照らしていた。私の腕が金属に触れた。それは巨大なバンパーであった。思わず見上げると、真上に大型トラックがいた。ようやく位置関係がわかった。私は国道の真ん中で、大型トラックの直前三センチの所に立ちすくんでいた。私は大型トラックと正面衝突する寸前だった。

再びトラックは、ブォーッと警笛を鳴らした。私に「早くどけ」と言っていた。私は黄色いライトの帯から離れ、よろめきながら道の端まで歩くと、その場に倒れ込んだ。そのまま死んだように眠った。

草は雨に濡れて冷たかった。日本酒で暖められた私の体は寒さで震えた。ほんの数分間の仮眠であったが、意識が戻った。私は草の上に寝ころんだまま、先刻の出来事を回想した。

何と危なかったことだろうと思った。私は県境の山道を、意識をなくしたまま蛇行した。しかも、雨の降る深夜であった。あの時、トラックの運転手は、よくぞ私に気付いてくれた。もし、運転手が気付かなかったり、気付くのが一瞬でも遅れていたら、私は大型トラックに跳ね飛ばされるか轢かれていたに違いない。いずれの場合でも、生命はないか瀕死の重傷を負っていた。そう考えた時、私は自分の運がとても強いことに気付いた。よくぞ運転手は、私に気づいて一瞬の判断で車を停めてくれた、と偶然の幸運に深く感謝した。

長かった県境の山を越えると、水田の広がる石川県に入った。次第に、夜の闇が明けた。雨は依然として私の体を濡らした。雨は汗と一緒になり、体中がドロドロになった。

金沢郊外に足を踏み入れた時、私の頭に激痛が走った。ガン、ガンと鉄の棒で殴られたような痛さであった。私は「痛いっ！」と足をとめると、その場にしゃがみ込んだ。頭が割れそうに痛かった。私はうずくまったまま顔をゆがめた。無理もない。この二日間、眠らずに走ったのだ。強烈な頭痛に襲われながら、私はゴールを目指した。

ゴールは金沢郊外のヘルスセンターにあった。私は、とにかく風呂に入りたかった。風呂場に行くと、雨と汗でドロドロになった体と髪の毛を、石鹸とシャンプーで泡だらけにして洗った。シャワーで泡を洗い落とすと、生き返ったような気持ちになった。神経に命ずると、手足の指先がピクリと動いた。私は生きていることを実感した。

湯舟には、先にゴールしたランナーたちが入っていた。まる二日間も眠らずに走り続けた彼らは、湯舟の中で熟睡していた。大丈夫かな？　と心配して見ていると、眠りこけていた中年男性の顔が湯の中にゆっくりと沈んでいった。思わず「危ない！」と叫んだが、一瞬の後、彼は湯の中でブクブクッと泡を吹き出すと、プハーッと湯の上に顔を出した。それでも彼は、熟睡していた。湯に浮かんでいた彼の顔は、またも湯の中へと徐々に沈んでいった。それから、プハーッと浮かび上がった。彼は飽きもせずに、それを繰り返していた。

私は湯舟を上がると、髪の毛を乾かすためにドライヤーのある部屋に行った。見ると、床にはドライヤーに手をかけたまま眠りこけている若い全裸のランナーがいた。眠るのを我慢して走り続けた彼は、椅子からころがり落ちて眠っていた。部屋にたどり着く寸前で力尽き、床で寝ているランナーもいた。見渡すと、風呂場のあちこちに全裸のランナーが倒れたまま眠りこけていた。

金沢の町を歩いてみたいと思った。だが、私の頭は割れそうに痛かった。仲間と別れ、私は東京へと帰りを急いだ。自宅に戻って眠れるだけ眠りたかった。

五月の連休の間、私は自室のベッドで眠り続けた。くる日もくる日も眠った。だが、いくら眠っても、頭痛が消えることはなかった。

株主総会のイメージを描く

私は頭痛に悩まされた。ガン、ガンと頭が割れそうであった。連休が明けると、会社は決算発表に向けて忙しくなった。五月二二日に、公開後初の決算説明会を開催した。'02年三月期の売上は百七十一億円であった。前期が百五十二億円の売上であったので、連続の増収記録を更新した。

翌日から機関投資家回りが始まった。仕事が多忙になると、頭痛に襲われた。私の背中も固くなった。ガチガチの鉄板が入っているかのように固かった。仕事の塊が攻めてきた。「夜には早く寝よう」と思っても、目が冴えた。私は後頭部の左側が痛かった。ちょっと触れただけでも強い痛みが走った。

私は多忙の合間を縫うようにウルトラマラソンに参加した。六月一日には「しまなみ海道百キロ」を走った。広島県の福山市を出発して、瀬戸内海の島々を走り、四国の今治市までを走るコースであった。

私は島々を結ぶ鉄橋の立派さに驚かされた。莫大な建築費がかかっていた。それなのに、車が少なく、全然通らなかった。レースに参加したランナーの姿は点々と見えたが、橋を渡る車は全く見えなかった。一体この道路を何のために作ったのだろうかと建設を決めた国と官の無責任ぶりに呆れた。ようやく鉄橋が揺れた。遙か彼方からトラックが一台走ってきた。空気が揺れてトラックが近付くと走り去った。

四国の今治市は暗かった。タオルの産地として名高かったが、中国産タオルに押されて壊滅的な衝撃を受けていた。町はさびれ飲食店街の光は消えていた。地元の人々の念願だった海道が開通して広島県とつながったのに、地元はストローで吸収されたかのように活気を失っていた。

TACは一般株主が参加する株主総会を、まだ経験していなかった。私は株主総会のイメージを描くために、他社のを見学して勉強しようと思った。私は、牛丼の吉野屋の株主総会に出席した。

株主総会では社長が議長をした。そのため、株主総会で起こること全てが、社長の手腕にかかっていた。吉野屋の安部修仁社長は、株主の質問に実に適切な受け答えをしていた。私は彼の後ろ姿を見ながら「社長はなんて大変なのだろう」と思った。

株主総会では、想定される質問の外に、想定外の質問があった。この想定外の質問にどう答えるのかは、社長の才覚によった。安部社長は、この才覚が冴えていた。私はこの機会に、安部社長に想定外の質問をして困らせてみたくなった。

この年、吉野屋はＢＳＥ（狂牛病）が発生したため業績が急落した。かろうじて増収増益ではあったが、ＢＳＥが起こらなければ莫大な利益を獲得できたはずであった。

私は挙手して質問した。「ＢＳＥさえ起きなければ得られたはずの利益を、重大な過失によりＢＳＥを日本に上陸させた農林水産省に損害賠償させるべきでは？」我ながら面白い質問だと思った。安部社長は一瞬困った表情をしただけで「業界全体として農林水産省に厳重に注意をしました」と無難に答えた。だが、厳重に注意をしただけで終わらせずに、損害賠償を請求して裁判まで持ち込むのが正しい。農水省は行政として何もしなかった無為の罪を、誰かに問われなければならない。それを行うのは吉野屋がふさわしい、と私は思った。残念なことにマイクはすでに遠ざけられていたため続きは問えなかった。

省庁と業界団体は、仲良しの関係にあった。慣れ合いと持ちつ持たれつの関係が両者の間にあった。だが、言うべきことを言わずに済ませてしまう風習が、日本という国を弱くした。ただし、「江戸の敵を長崎で討つ」という諺がある。なるべくならソッとしておきたい、というのが業界団体側の本音なのだろう。

吉野屋の株主総会は、メニューの話になると俄然盛り上がった。昔は入っていた豆腐が今はないのはなぜか。キムチをメニューに追加するのはどうか、と昔から吉野屋のファンだった人たちが次々に発言した。なるほど、ファンの人たちは株主として長期にわたり吉野屋を支えてきたのだ。私はファンの株主を支持母体に持つ吉野屋のあり方を素晴らしいと思った。ＴＡＣも多くのファンで支えられた会社になりたい、と思った。

初の株主総会

私は、公開するとこんなに忙しくなるとは思っていなかった。決算発表会を終えると機関投資家回りになった。それが終わるとすぐに株主総会の準備に追われた。私は仕事の塊の中にいても、週末には「走り」を入れた。頭が多忙のためにキーンと唸った。それでも私は走った。

六月八日に宮城県の栗駒山に登った。タンポポと桜の咲く春の山であった。イワカガミの花が山一面に咲いていた。鳴子温泉で一泊すると、翌日夕方の新幹線で帰った。私はそのまま息子とワールドカップの日本対ロシア戦の応援をするため横浜に駆けつけた。「ガンバレニッポン！」のウェーブをして深夜に帰宅した。

翌週末の六月一五日は早朝四時半に待ち合わせて丹沢に登山した。翌一六日は、吉祥寺に六時に待ち合わせて多摩湖を一周し四〇キロを走った。その日の夕方、私の後頭部を鈍痛が襲った。鈍い痛みは夜になっても止まらなかった。

株主総会は六月二〇日に開催された。ホテルの入口に、TACの株主総会の大きな看板が掲げられていた。リハーサルまでして当日の準備をした。果たして何名の株主が来てくれるのだろうかと不安であった。当日、会社業績の説明を終えて会場を見渡すと、約五十名の株主が座っていた。

私は「それでは質問を受け付けます」と言った。だが、誰も手を挙げようとしなかった。あれだけ、懸命に予習したのに、誰も何も尋ねてはくれなかった。

「案ずるより産むが易し」とは、よく言ったものだ。あれだけ心配したおかげか、何も起きなかった。こうして、公開後初の株主総会は短時間で終了した。

六月二八日、私はサロマ百キロウルトラマラソンに参加するため北海道に飛んだ。だが、頭が痛かった。

レース当日、頭痛は堪えられないほどひどくなっていた。こんな状態でどうやって走るのだろうか？　と泣きたくなった。仲間に言うと心配されるので言えなかった。「とにかく走れるところまで走ろう」と心に決めた。

レース中、頭痛が止むことはなかった。五〇キロ地点からいっそうひどくなった。痛みをこらえると、脂汗がにじみ出た。

八〇キロから原生花園になった。私は、原生花園を頭痛との二人三脚で歩いた。もはや走れなかった。

ホテルは満員で、見知らぬランナーたちと相部屋になった。ランナーの朝は早い。レースの翌朝、午前三時に相部屋のランナーたちは起床し、電気をつけた。私は猛烈な頭痛に襲われた。頼むから寝かせておいてくれ、と願っても、早起きのランナーたちは一切気にしなかった。私は頭痛をこらえながら東京に帰った。

私はウルトラマラソンを週末に走るのが普通になっていた。翌週の七月六日には、北海道の栗山での百キロマラソンに参加した。途中で熊の住む山を走った。リーンと鳴る鈴をランナー全員が持った。私は熊に会えたらいいなと思ったけれど、会うことはなかった。日本には熊の住む山がまだ残されていた。私は熊の住む山は素晴らしいと思った。

私は公開した感想をインタビューで聞かれた。「公開できて嬉しかったです」と答えた私に「どう嬉しかったのですか？」と突っ込みが入った。

公開したことのある経営者は、まだわずかしかいないが、その人にしか味わえない感情があった。私は公開して初めて自分の心が自由になれたと思った。山の頂上に登って見渡したときと同じ感想を抱いた。肩から重荷がとれて軽くなった。「これで私は何でもできるようになった」と感じた。サラリーマンの人生は、角度が上昇した後で下落に転じて終わる。それに対して、私は人生が放物線状に右肩上がりになるのを感じた。

七月二六日は富士登山レースの日だった。富士吉田市の市役所をスタートしたランナーたちは、上り坂をひたすら登った。夏の盛りなのでセミが鳴いていた。約二時間かけてようやく「馬返し」にたどり着いた。昔の人たちはここで馬を返した。ここからさらに登ると、ようやく一合目に到着した。富士登山の醍醐味は、一合目までの大変さにあった。その後も、ずっと登りだけのコースが続いた。一合目から二合目、さらには三合目と登るにつれ、登りの角度が急になった。四合目から五合目にかけて山はガスに包まれた。セミの鳴き声はなくなり、ひんやりと寒くなった。

ようやく五合目にたどり着くと、バスの停車場があった。何と、五合目までバスで来て、そこから登る人たちがいるのだ。私は馬返しのずっと手前の富士山の裾野から山の傾斜と共に上がってきた。本当の富士山は、やはり裾野から登ることでしか体験することはできないと思った。

帰路に浅間神社の境内の湧水で体を冷やした。体が熱を帯びて水を欲していた。

株式公開トップセミナー

株主総会直前の'02年六月一八日、私は監査法人主催の「株式公開トップセミナー」で講師を務めた。当日、霞ヶ関ビルには二百名を超える聴衆がつめかけていた。公開準備中の会社の社長や公開担当者が多かった。前年一〇月に公開したTACは、公開後も業績を伸ばし株価は上がり続け模範的な新規公開会社になっていた。そのため、私が講師に指名された。私は次のような話をした。

1. アメリカがテロに襲われた直後の大混乱の時に、私は公開を断行するか延期するかを一人で考えた。二つの選択肢を採った場合にどうなるかを、それぞれの道をたどって考えた。イザという時は必ずやってくる。その時に社長がどう判断するかで、道は分かれる。

2. ロードショーでの機関投資家回りは大変であった。社長の体が元気でないとやれない。

タクシーの中でミカンとチョコレートを食べて元気を回復させた。同じ説明ばかりを繰り返すので、首が回らなくなった。ロードショーを経験した経営者は打たれ強くなる。

3. 証券アナリストやファンドマネージャーの人たちの間でのTACの知名度の高さに驚いた。TACで会計士やアナリストの勉強をした人たちが大勢いたためである。

4. TACの株価は公開後右肩上がりを続けていた。そのため、当社の株主は皆ハッピィだ。それに対して、公開時にピークをつけその後株価が右肩下がりの会社は、多くの株主の怨みを買っている。人の怨みは怖い。公開に会社のピークを合わせてはならない。

5. 組む相手が大事だ。会計上の判断には幅がある。どう考えるかで数字が動く。私は経営者の判断を超える判断ができ、かつ人間としても尊敬のできる公認会計士を選んだ。証券会社は、厳しさと人の層の厚さで選んだ。ジャスダックだけなら甘い証券会社でもよいが、東証上場までを狙うのなら、厳しい証券会社がよい。

6. 社長は会社の戦略やビジネスモデルを機関投資家やアナリストの前で説得力ある表現で説明しなければならない。どのように自分の会社を説明するのかの組み立てを考える。社長とシャドーボクシングをする人がいないと丁々発止のやりとりのコツを会得できない。

7. 外国のファンドマネージャーは自分の判断力を磨いて経営者の品定めをしている。社長が言ったことは全部覚えられている。嘘やハッタリはなるべく言わない。言ったことは必ず実行する。社長は自分で戦略を語る。いかに夢のある物語を語り実現できるかで、社長の力量が評価される。

8. きちんと足もとの情報を出す。これから先、どこに行くのかの情報も出す。自分が機関投資家だったらこういう情報が欲しいと思う情報をディスクローズする。機関投資家とは個人的に信頼関係を結ぶ。丁々発止のやりとりの中で経営者はいろいろな角度でチェックされる。真剣勝負を面白いと思う心を持つ。

9. 社長は「こういう日本にしたい」と胸に秘めた「志」を持つのが正しい。「今生きている時間を無駄にせず、自分にしかできないことをする」のが経営者のベースの考え方になる。公開会社が長期安定的に利益を伸ばす会社を目指すのなら、長期安定的な株主が集まるようになる。

10. 社長は数字に強くなる必要がある。IR担当者も数字に強くないと、とてもやれない。決算発表資料を見れば、会社のレベルがわかる。決算発表日は集中日を避けて早くする。社長は決算発表会で見られている。

11. 公開しない限り、公開した会社の大変さはわからない。社長は公開すると多忙になる。取材する記者の大半は文章が下手だ。自分の利益のために「会いたい」とやってくる人も多くなる。証券アナリストの質問は細かい数字に及ぶので、IRが対応する。主要な機関投資家には社長が戦略を語る。講演会の講師は、なるべく月一回までに制限する。

12. 社長は自分の時間を大切にし、わがままになる。会いたくない人には会わない。義理は欠く。夜の酒席は極力入れない。夜は仕事をまとめて片付ける絶好の時間になる。紹介での入社は絶対に断わる。決して、しがらみを作らない。

霞ヶ関ビルの会場はシーンと静まり返っていた。どうしてこんなに礼儀正しいのだろうと不思議になるくらいに、聴衆はひたすら聞いていた。私は自分が体験した本当の話をした。

最後に私は「自分を発見する喜びを持つ」としてウルトラマラソンの話をした。奥多摩の山々を走破した日本山岳耐久レースや、名古屋から金沢まで走った「さくら道」の話をした。会場にいた人たちは、目を点にして私を見た。皆、呆然とし絶句していた。

転

Transition

アメリカの正義の歴史

'02年六月に長女が大学の単位を取り終え就職の内定を決めると、米国コロンビア大学の語学スクールに留学した。一二月まで半年間の予定であった。私は娘に会うためもあって八月にN.Y.を訪れた。

N.Y.は暑かった。地下鉄のプラットホームは蒸し風呂のようであった。有名な日本料理店NOBUでOMAKASE(おまかせ)を注文した。値段は$八〇、$一〇〇、$一二〇、$一五〇と分かれていた。悩んだ末に$一二〇の「おまかせ」に決めた。新鮮な魚を使った料理が運ばれてきた。コロンビア大学で貧しい寮生活をしていた娘の顔が輝いた。思わず二人で「excellent(すごくおいしい)」と口走った。N.Y.では、和食の発想を超えた料理に出会った。ソースの味がオリエンタルであった。

デザートを食べ終えると、世界貿易センタービル跡地へと向かった。実際に跡地に立つと、その巨大さに驚いた。巨大な敷地が根こそぎ掘られて赤茶けた土がむき出しになっていた。その跡地近くの一角には、愛する人を失った人々のメッセージカードや思い出の写真が貼られていた。一年前に起こったことだが、まだ現在進行形の事件なのだと思った。

N.Y.はレディファーストの街だ。日本の男性には皆無の発想だ。娘がドアの前で私の肩を叩いた。「どうしたの？」と振り返ると「レディファーストです」と笑って答えた。私は思わず娘を先に通した。やればできるんだ、と思った。それ以降、私は気付くたびにドアを開けて娘を先に通した。「レディファーストをしない男性は野蛮人に思われます」と娘は言った。私は野蛮人からちょっとだけ進化したと思った。

ホテルの部屋に娘と一緒に泊まった。キングサイズのダブルベッドの部屋しか空いていなかった。娘はベッドの真中にタオルで線を引いて言った。

「ここが境界線だから、はみ出ないでね」

私は夜に寝た気がしなかった。

N.Y.からボストンへと移動した。ボストンでは「THE LENOX」ホテルに泊まった。ボストンは古くからの建物の保存に熱心であった。このホテルも古い建物のまま保存するため、改装工事が進められていた。

アメリカの独立戦争が起こるきっかけになったのがボストン茶会事件だ。当時イギリスは莫大な財政赤字に悩んでいた。その解消のために植民地だったアメリカに重税を課した。いくつかの税は市民の抵抗に遭って廃止されたが、紅茶の税だけは残っていた。これに市民が怒り波止場に停泊中の英国貨物船になだれ込むと海中に茶を投げ込んだのだ。

独立宣言を起草したのはトマス・ジェファーソンであった。宣言なので短文かと思ったが実際は長文であった。読んでみて驚いた。当時のイギリス国王ジョージ三世の悪逆無道ぶりを徹底的に攻撃していた。つまり、自分たちアメリカがイギリスから独立するに至ったのはイギリス国王が我々を弾圧したためである。そのために我々はやむなく立ち上がり独立戦争を起こしたのだ、と独立戦争の正当性を主張していた。そして「全ての人間は神によって平等に造られ、一定の譲り渡すことのできない権利を与えられており、その権利の中には生命、自由、幸福の追求が含まれている」と記した。人間は神により同じ権利が与えられている。その権利の中に自由があると宣言したのだ。

アメリカは独裁者と戦い勝利を収めて独立した。その結果として、人間が本来持っていた自由を獲得した。アメリカの誇りの原点に、この建国の歴史があった。ボストンには、英兵の発砲で亡くなった市民の虐殺地跡があった。自分たちの独立と自由は尊い犠牲の上に勝ち取られたものだという自負があった。

独立宣言では、ジョージ三世の悪行が挙げつらねられているが、私は彼が憐れでならなかった。イギリスは巨額の財政赤字に苦しみ解消するのに必死だった。何とか堪えてくれと重税を課した時、ボストン茶会事件が起こった。アメリカはこの絶好のチャンスを見逃さなかった。事件をきっかけに独立戦争を起こしたのだ。これは革命であった。独立宣言では、ジョージ三世を暴君と罵ることで独立が正当化された。

なお、この独立宣言には次のような記述がある。

「ジョージ三世は、我々アメリカ人の間で内部から反乱が起きるように扇動し、辺境地域の住民や情け容赦のないインディアンの野蛮人を味方に引き入れようとした。このインディアンの戦闘のルールは、年齢や性、それに身分の違いにかかわりない無差別の殺戮《さつりく》で有名である」

メイフラワー号の清教徒を助けたインディアンに対する恩義を一切忘れた暴言であった。アメリカの独立と自由の旗の下、インディアンは敵対者として合法的に虐殺されていった。

スイス列車の応援団

八月は丹沢で沢登りをした。丹沢には沢登りに最適なスポットが多かった。ヘルメットを装着して道を自分で見付けて登った。滝を登る爽快さは、危険と隣り合わせにあった。岩にしがみつくには腕力が必要だった。私は三点を確保しながらよじ登った時、力が足りずに滝壺に転落した。ずぶ濡れになりながら、もう一度やり直した。どこに道を見付けるのかは、その人の才能によった。

上から岩石が落下しても頭が大丈夫なようにヘルメットをかぶった。その日、仲間と一列になって垂直に岩を登った時、すぐ上の人に足でヘルメットを踏まれた。私は崖の上まで登り終えて下を見ようと、草の上に右足を踏み出した。私が右足に体重をかけた瞬間、草にズボッと穴が空いて右足が宙に浮いた。草と土砂が崩れ落ちた。私はきわどく左足で全体重を支えた。沢登りでは、一瞬の判断で運命が分かれた。ヒヤリとする場面が多かった。ちょっとした体重のかけ方で、生命は簡単に崖下に転落した。私の代わりに転がり落ちた土砂を見ながら、人はこんなにも簡単に生命を落とすものなのかと思った。

九月七日にスイスのユングフラウのマラソン大会に参加した。ヨーロッパでは名高い登山レースであるため、各国から足に自信のあるランナーが集まった。インターラーケンの町がスタート地点であった。この登山レースに、日本から五名の精鋭ランナーが参加した。応援団も七名いた。私も参加ランナーの一人だった。

グランドホテル前のスタート地点は、約五千名ものランナーで混み合っていた。外国の大会は明るく陽気である。町を一周した後、ユングフラウの山を目指して走った。

アルプスの氷河から流れてきた川が、豊かな水量をたたえて勢いよく流れていた。コースは、初め川沿いの道を走った。川は緑色に白色を混ぜた白緑色だった。石灰を含んだ白さである。川の水は冷たかった。手を入れるとジーンと冷えた。川面には、ドライアイスのガスのような白いモヤが立ち込めていた。

九月なのに暑かった。それでも木陰は涼しく、川の水が私のすぐ隣を勢いよく流れていた。途中の山道で小便をする男たちがいた。日本ではおなじみの風景だが、女性も並んで小便をしていた。日本では見かけない風景であった。

林の右側の視界が開けた。右側は見渡す限りの草原であった。ふと見ると、草原には線路が通っていた。ユングフラウに向かう鉄道であった。その線路の上を列車が走ってきた。草原をはさんで私と列車が平行して走った。

その時､列車の中から割れるような歓声が聞こえてきた。「ワァーッ」という大音響であった。しかも、その歓声は私一人に向けられているように思えた。私は嬉しくなって大きく手を振った。列車の歓声は一段と高まり、最高潮に達した。やがて列車がスピードを上げたため、私との距離は広がった。私が大きく手を回すと、列車は走り去った。

実はその列車には日本から駆けつけてくれた応援団が乗っていた。後で聞いた話によると、彼女たちが窓の日除けを開けると、草原のかなたに黄色い服のランナーがいた。黄色は、私のシャツの色だった。

「あれってヒロチャンじゃない？」

「そうよ。あれはヒロチャンよ！」

列車の中は大騒ぎになった。皆で大声を張り上げて「ガンバレ、ヒロチャン！」と他の乗客と一緒になり大声を張り上げた。私めがけて歓声が飛んできたのは、そのためであった。

二五キロ地点を過ぎると、急勾配の上り坂になった。山は垂直にそそり立っていた。そこをジグザグに上るのだ。上りのために体力を消耗した。暑さで喉が渇いた。上りの山道は、どこまでも続くかのように思えた。

山道の途中でへたばったランナーに、子供たちが水を飲ませてくれた。ランナーにとり水は貴重品だ。私にも少女が水を差し出してくれた。目がクリッとしたアルプスの少女ハイジのような子だった。彼女は、私が水を飲み干すのを待っていた。そのため、私はペットボトルに入った水を全部飲み干した。冷たい水だった。私は心から「ありがとう」と言った。少女は嬉しそうにはにかむと、そのまま山の中に入った。見ると、小川が流れていた。少女はその水を汲んでいたのだ。私はそれ以降、喉が渇くと小川の水を飲んだ。アルプスの氷河から流れてくる水なんだ、と思うだけでおいしくなった。

三〇キロ地点はヴェンケンの町だった。ランナーが町に入ると、一人一人の名前が呼ばれて歓迎された。

「ヒロアキサイトウ、フロムヤーパン！」

日本から来たランナーに町中の人々が歓声を上げた。

マッターホルンの山小屋

三五キロを過ぎた地点で、正面にユングフラウが白い巨体を現した。続いて、メンヒ、アイガーも巨体を現した。私は何という絶景の中を走っているのだろう、と絶句し言葉を失った。私の目の前にあるアルプス三山には氷河があった。その氷河からいくつもの川が流れ出ていた。ローマ時代の遙か昔から、氷河は人類に水を供給し続けてくれた。その氷河が、すぐに手の届きそうな向こうにあった。

風景は絶景だが、上りの山道は一段と険しくなった。ゴロゴロと岩がころがる岩場を、私は道を探しながら登った。四〇キロを過ぎても上りの道は続いた。下りになったのは、最後の一キロだけであった。ゴールしたランナーには金メダルが首にかけられた。私も金メダルをもらった。考えてみたら、生まれて初めてもらった金メダルだった。頬ずりしてキスをした。

ゴールをした後、自分の荷物を引き取りに引換所に行った。どこで着替えようかと迷っていると、目の前にいた若い女性二人が着替えを始めた。あれっと思う間に、二人は全裸になった。私は茫然として一部始終を眺めていた。全然気にしないんだと文化の違いに驚かされた。

私たちはマラソン大会に参加した後、ツェルマットへと向かった。マッターホルン登山の前線基地の町がツェルマットだ。登山鉄道は、ギザギザのレールに機関車の歯車をかみ合わせて急な坂を上った。そのため、床下からガリガリという音が伝わってきた。

ブリークの町を発車して一時間が過ぎた。突然、前方に白い三角錐の山が夕陽を浴びて輝く姿が見えた。乗客が一斉に歓声を上げた。神々しいその山こそマッターホルンであった。列車はその山を目指して近付いていった。列車はツェルマットの駅に到着した。この町は排気ガスを出す車の乗り入れを禁止していた。走っているのは、電気自動車と馬車だけだ。町に信号はなく、空気は澄み切っていた。

翌朝、マッターホルンに登った。中腹にある唯一の山小屋（ヘルンリ小屋）まで登りたかった。登るにつれ、雪の量が増えてきた。視界は悪く、マッターホルンがどこにあるのかすらわからなかった。金属の鎖を伝わりながら登るのだが、足もとが滑った。日本人の登山会の人々が引き返してきた。

「この先は雪が深くて危険なので戻る。あなた方もここから引き返したほうがいい」

彼らは完全防備の山岳会員であった。私たちは軽装のランナーであった。「もう無理だから引き返せ」と言われても「やってみなければ本当のことはわからない」と思った。だが彼らの言うとおり、進むにつれて雪は深くなり足もとが滑った。私たちはここで二つに分かれ、四名だけがヘルンリ小屋へと向かった。

一歩また一歩と雪の積もった山道を踏みしめながら鎖をたぐり寄せて登った。一歩前進するたびに高度が上がるので、呼吸が苦しくなった。肺がしめつけられて痛くなった。汗を大量にかいた。喉が渇いた。雪の塊を手で崩して口の中に入れた。雪が溶けて口の内が潤った。「つらら」も旨かった。氷のつららを口に入れると、じゅっと溶ける音がした。汗をかいて体が熱くなった。たまらずに上着を脱ぐと腰に巻いた。

視界は悪くマッターホルンは見えなかった。やがて、ガスはゆっくりと晴れた。見る間に、視界が開けた。突然、周囲に神々しく輝く白い山々が姿を現した。驚いた。私たちは、白い神々しい山々に囲まれていたのだ。すごい。こんな絶景の中を登っていたのだ。でも、肝心のマッターホルンはどこにあるのだろうか。周囲にはなかった。すぐ下を登ってくる、私の走りの師匠であるM氏に尋ねた。

「マッターホルンはどこですか？」

「上を見なさい。マッターホルンはここよ」

見上げると、見上げた先にマッターホルンの頂上があった。今登っている山がマッターホルンだったのだ。すごい風景だった。私の体に震えが走った。しばらく風景を味わうと、私たちは山小屋までの登りを再開した。ガスが晴れると太陽が照りつけた。白い雪に太陽が反射して眩しかった。酸素が少なく息をするのがやっとになった。しかも暑かった。私は、さらに上着を脱いだ。

ヘルンリ小屋が見えた。上空にヘリコプターが飛んできた。その日は、山小屋を閉める日であった。ヘリコプターは荷物を積み終えると空のかなたへと飛び去った。私たちは山小屋の外にあるベンチに腰をかけた。見上げた先がマッターホルンの頂上であった。私とS氏の男二人になった時、頂上を目指してオシッコの飛ばしっこをした。二人とも「もうちょっとで頂上に届くところだった」と自慢した。

山小屋を引き揚げると、そのままツェルマットまで山道を下りた。私の顔は真っ赤に日焼けしていた。ヒリヒリと痛かった。雪焼けだった。それから連日、私たちはマッターホルンに登っては山道を走った。これが私の最後の海外マラソンになった。

濃霧の笹子峠

スイスのマラソン大会に参加するために九月四日に日本を発った私が帰国したのは、九月一六日であった。翌日から出社したが、仕事は山のように溜まっていた。連日、深夜まで格闘した。体に疲れが溜まっていたが、九月二六日には甲州街道二一五キロウルトラマラソンに出場した。

午前六時に、長野県の諏訪をスタートしたランナーたちは、日本橋を目指した。雨が降って寒かった。私は傘でしのいだが、傘は風に弱かった。足裏にマメができた。足が地面に着地するたびに痛んだ。仕方なく、ネコ走りをした。そのため、走るのに時間がかかった。甲府の町はとても広く、どこまで行っても甲府だった。腹が空いたので吉野家に入り、牛丼の大盛りを注文した。卵と漬物と紅しょうがを牛丼にかけて食べた。けんちん汁も注文して御飯を入れて食べた。混ぜると旨かった。その日、最高の御馳走だった。特盛りにすればよかったと後悔した。アーモンドチョコレートをかじると元気が出た。コンビニの「おでん」も旨かった。「巾着」の中に餅が入っていた。餅好きの私は喜んだ。

私は「次は何を食べようかな」と食べることばかりを考えて走った。甲府を過ぎると石和であった。ここから上りが始まった。勝沼になると上りは急になった。「こんなに上るんだ」と溜息が出た。それでも私は坂を上りながら、先刻食べた牛丼の力が湧いてくるのを感じた。上りは笹子峠まで続いた。

私は笹子峠に入る入口がわからずに迷った。旧街道の峠を登る人は希であった。そのため、合図の標識が隠れていた。道がわからずに途方に暮れた。地図を出して見たが、それでもわからなかった。誰も通らない深夜の道を、私は何度も往ったり来たりした。自分一人では行き詰まった時に、異なる知恵が浮かばなくなる。一人であることは怖いことだと思った。自分の頭でよく考えるしかなかった。勝沼のエイドを出たのが夜中の一二時なのに、笹子峠の入口を見つけたのは、午前三時になっていた。

峠には濃霧が立ち込めていた。私は真っ白の世界の中へと入っていった。私の足もとまで消えてしまうほどの濃霧であった。私は濃霧の中で、上も下も、右も左も、今自分がどこにいるのかすら、わからなくなった。私は幻覚の中を歩いた。どんどん眠気が襲ってきた。

白い霧の世界は幻想的であった。行けども行けども、霧は晴れなかった。峠の山道は高くそそり立っていた。霧の中の私に、谷川のせせらぎの音が聞こえてきた。しかも、その音はすぐ間近に聞こえた。旨そうな小川の音だった。水音は私に「飲んでよ」と耳もとで囁いた。私は水音に心を奪われた。私の意識は朦朧としていた。私は、誘われるままに小川の音のする方向に歩き出し、道端のガードレールを越えようとした。その時、一瞬だけ霧が切れた。

切れた霧の隙間から、下界が見渡せた。私は切り立った崖の上にいた。下は谷底になっていた。谷底まで百メートルはあった。小川はその谷底を流れていた。一瞬で霧はつながり、再び白一色の世界に戻った。

私は危うく谷底に転落するところであった。危なかった。濃霧の恐ろしさに戦慄が走った。私は足もとを踏みしめながら、霧の世界をゆっくりと前進した。水音だけが響き渡り、私に「飲むとおいしいよ」と囁いていた。私は決して誘いには乗らないと自分に呪文をかけた。私のヘッドランプに映るのは、白い霧だけであった。

強烈な眠気が私を襲った。どこでもいいから眠りたかった。道にそのまま寝ようと思った。その時、私は道のどこで眠るのかを一瞬だけ考えた。道の右側は崖になっていた。寝相が悪いと谷底に転落する危険があった。道の真ん中なら、体を自由に伸ばせると思った。私は道の真ん中にそのまま横になった。だが、地面が思ったより固かった。道の左隅には草が茂り枯葉も落ちていた。私はゴロリところがると、道の左隅に体を寄せた。ここで運命が分かれた。私は落葉で体を覆った。

峠の山道は、ちょうど車一台分の道幅があった。早朝五時、旧甲州街道の笹子峠には、まだ霧がうっすらと残っていた。ここを一台の軽トラックが猛スピードで走り抜けた。まさか山道で人間が寝ていようとは、これっぽっちも思っていない乱暴な運転であった。私は落葉に覆われて、道の左隅で寝ていた。それが幸いした。トラックは眠っている私の三センチ横を、猛スピードで駆け抜けた。何ということだろう。当初のまま、道の真ん中で寝ていたら、私は間違いなくトラックに轢かれていた。どこで眠るかの一瞬の判断のおかげで、私は生命を拾った。

ほんのちょっとした偶然が大事な意味を持ち、運命を分けた。あの時、私は柔らかい草の上で落葉に包まれて眠りたかった。そのため、道の左隅までころがった。たったこれだけのことで、私の生命は危機を免れた。

スズメバチの襲撃

一〇月になると、中間決算を控えて私の仕事は加速度的に忙しくなった。それでも私は肉体の限界に挑む過激なレースへの参加をやめなかった。驚くべき執念と情熱であった。

一〇月一三日は、山岳耐久レースに出場した。二十四時間以内に奥多摩の山々を踏破する荒行のようなレースであった。午後一時にスタートし、翌日の午後一時まで、夜通し走り続けるのだ。

前年は雨に降られて山道が滑ったため、私は危うく崖下に転落しそうになった。今回は天気が快晴で、太陽が暑かった。スタートの合図と同時に二千名もの山男や山女が駆け出した。皆、リュックサックを担ぎ、両手にステッキを持っていた。私は水を四リットルも持ったため、背中が重かった。

スタートして五キロ地点に今熊神社があった。神社は今熊山の麓にあった。神社の裏手は絶壁で、急勾配の階段が山の上まで垂直にそそり立っていた。この石段を、ランナーが大挙して駆け上がった。私も負けじと石段を駆け上がった。急勾配の階段を登るので、どのランナーもハァハァと息を荒げた。まだ太陽の日差しは強く暑かった。

ようやく石段が終わりに近づいた頃、崖にそびえ立つ大木からブーンと羽音が聞こえてきた。近付くと、巨大な黒いハチの羽音であった。空中で巨大なハチがランナーを見て唸っていた。人間たちが群れになって近寄るのに怒っているようであった。見ると、巨大な巣が木の枝にぶら下がっていた。

その巨大なハチは、スズメバチであった。私は、神経質に怒る羽音を聞いて、誰かとても不幸なランナーがハチに刺されるだろうと予感した。私がハチの下を通り過ぎた時、あれほど騒がしかった羽音が消えた。「どうしたのだろう」と見上げると、頭上にハチの姿はなかった。

不思議に思ったその瞬間、私の体に激痛が走った。ズシン！と太い鉄棒が背中に突き刺さったような衝撃であった。目から火が飛び出た。私は何が起こったのかさっぱりわからなかった。自分の体に起こった激痛の原因がわからなかった。

激痛に続いて、私に強烈な「しびれ」が襲った。しびれがどこからきたのかを探し出すと、右足首であった。見るとそこには、先刻まで頭上を旋回していた巨大なスズメバチがいた。信じ難い光景であった。私は右足を振った。だが、ハチは私の右足にしがみついたまま動かなかった。手で軽くはたいた。それでもハチは、私から離れようとしなかった。私は絶句した。

私は帽子を脱ぎ棒状に固めると、黒くて巨大なハチを目がけて思い切り強く叩いた。本気で叩いた時、スズメバチはようやく飛び立った。私は石段を上まで登り切ると、山の上の草むらに倒れ込んだ。

私の右足は腫れ、しびれが足首から次第に右足のつけ根にまで回ってきた。順番にしびれが右足を伝って上がるのがわかった。やがて右足はしびれてただの棒になった。私は起き上がることができずに、草むらに横たわったまま、うめいた。

私の横を、後続のランナーが通り過ぎた。私が苦痛でうめいていると、男性ランナーが声をかけてくれた。

「大丈夫ですか？」

「スズメバチに刺されました」

「救急車を呼びましょうか？」

「いや、自分で何とかします」

私はどうしたらよいのだろうかと考えた。ここでレースを止めることを考えた。それもありだと思った。だが、レースはまだ始まったばかりであった。全行程七二キロのうちの五キロ地点に過ぎなかった。ここでやめて救急車に助けを求めたら「男がすたる」と思った。ここで助けを求めるわけにはいかない。この足で行ける所まで行こう、と覚悟を固めた。

右足全部がしびれていた。棒のようになった右足をひきずりながら、私は左足だけでゆっくりと進んだ。仲間のO氏に会った。彼はスズメバチに刺されたのが何回目かを尋ねた。私が一回目ですと答えるとこう言った。

「一回目なら大丈夫だ。死ぬことはない。毒をしぼり出しなさい。力を入れてしぼり出すのが一番いい」

私は道端にしゃがみ込むと足首から毒をしぼり出そうとした。傷口から少しだけ透明な液体が出てきた。すでに毒は足のつけ根にまで達し、右足の感覚は完全に麻痺していた。私は左足だけで一歩ずつ前進した。右足をひきずりながら、左足に全体重をかけて進んだ。

左足に無理な負担をかけたため、左足がつった。もみほぐして立ち上がるのだが、何十回となく左足がつった。痛さとしびれで、両足とも動かなくなった。私は泣きたくなった。

「どうしたらいいのだろうか？」苦痛で悲鳴を上げた。これだけ絶望的な状況の中でも、私はどこかに道はあるはずだ、と信じた。

この時、私にはまだ両手があることに気が付いた。「そうだ、まだ両手がある」そう気付くと急に嬉しくなった。私は腹這いになると、両手で草をつかみながら前進した。私には決してめげないタフな精神があった。

黒タイツの熊

誰かとても不幸なランナーが巨大なスズメバチに刺される予感はしたが、まさか自分がそうなるとは思ってもみなかった。そのため、私の右足首にしがみついて離れようとしないスズメバチを発見した時、私は驚愕した。

何としてもハチを離そうと足を振ったのに、スズメバチは決して離れなかった。その間にも、スズメバチは私の足を噛みながら毒を注入し続けた。私は「本当にこんなことがあるのだろうか」と信じられない気持ちで、自分の身に起こった惨事を眺めた。体にしびれが回ってきた。スズメバチを叩こうとしても、力が入らなかった。そのため、軽くしか叩けなかった。

「なぜ、私だけがこんな目に遭うのだろうか？」

私は今熊山の頂上の草むらに倒れ、痛さとしびれにうめきながら、わが身の不幸を呪った。私が倒れ込んだすぐそばを、後続ランナーたちが走り抜けた。地面から見上げると、ランナーの走る足がよく見えた。私は、なぜ自分が刺されたのかの理由を知りたかった。山岳レースなので、体を防備するためランナーはタイツを履いていた。私は黒色のタイツだった。後続ランナーのタイツは、青色とグレー色が多かった。中には、黄色や赤色もあった。黒色のタイツを履いたランナーは、私一人であった。

ようやく、私が黒のタイツを履いたばかりにスズメバチに襲われたことを知った。ハチの天敵は熊であった。熊はミツバチの作るハチミツが大好物であった。ハチが黒色の動物に襲いかかるのは、黒色をした動く物体を熊と認識してのことであった。そのようにハチのＤＮＡには情報が埋め込まれていた。私は黒タイツを履いて走ったばかりに、熊と間違えられて刺されたのだ。

右足のしびれは徐々にひいていった。左足は何十回もつったが、そのたびにもんで回復させた。私はゆっくりと走れるようになった。一時は、両手だけで草をつかんで這いながら前進した私だが、底を脱して走れるようになった。

私がもし女性だったら、今熊神社の上で助けを求めていたに違いない。どちらを選ぶこともできた。私は、どうしようかと半分泣きベソをかきながら「走り続ける」選択肢を選んだ。私は大学時代に、禅の老師から絶対に逃げないことを求められた。禅の修行をする中で、一つの言葉にどこまでも向き合うことが求められた。この時から、徹底して、一つのことに正面で対峙し向き合うことが、私の生きる角度になった。

あの時、やめる言い訳ならいくらでもできた。だが、私はスズメバチに負けたくなかった。スズメバチに刺されて激痛に襲われようとも、私は自分が取り組んだレースを途中で放り出すわけにはいかないと思った。

私の体調は次第に戻った。昨年のタイムに比べて当初は大幅に遅れたが、後半はスピードを上げ、最終的には昨年とほぼ同タイムで完走することができた。

家に帰ると、私は恐る恐る靴下を脱いだ。中からピンク色になりパンパンに腫れ上がった右足が出てきた。靴下を脱いだ順に右足がジンジンし、猛烈にかゆくなった。かゆくてかゆくてたまらなくなった。しびれは、かゆみに変わっていた。私は無我夢中でかき続けた。いくらかいても、かゆかった。風呂に入ると、かゆさは頂点に達した。湯船の中で、私は右足をかきまくった。風呂から上がっても、かゆいのはおさまらなかった。風呂上がりでさらにピンク色になった右足を、私はかき続けた。

スズメバチに刺された傷口は、三カ所あった。スズメバチはハエなどを食用とする唯一の肉食性のハチであった。獰猛な肉食バチであるスズメバチは、噛む力が強かった。私の三カ所の傷口のうち、二カ所はハチの歯が食い込んだ跡であった。残りの一カ所は、毒を注入する先端のとがったヤリ状の口の跡であった。スズメバチは、獲物に食らいつくと毒を注入してしびれさせ、意識朦朧とした獲物をバリバリと食い尽くす獰猛さを持っていた。

私は起床後と就寝前に十分間ずつ右足をかきまくった。時間を制限しないと、果てしなくかき続けるため、十分間に限定した。私は、生まれて始めて狂いたくなるくらいの「かゆさ」を体験した。

十日間で、かゆさはとれた。一方で、噛まれた三カ所の傷口に三つのカサブタができた。痕跡のカサブタは、一カ月が過ぎてもとれなかった。相当深くまで噛まれたらしい。三カ月後、ようやくカサブタがとれた。

中学生への授業

（社）経済同友会は、経済団体の中で一番熱心に国のあるべき姿を追求する経営者の集まりである。北城代表幹事が同友会の教育委員会の委員長であった時、経営者が学校の教育現場に行く運動を起こした。当時、教育についてさまざまな問題が指摘されていた。経営者が自ら教壇に立ち生徒にじかに接することで問題の本当のありかを探ろうとした。これは画期的な試みであった。私もメンバーの一人として中学校での授業を担当した。

当初、私は何を話したらよいかに迷った。だが、考えてみると、私の下の娘が中学生だった。この娘に話すことを考えればよいことに気付いた。私はたまたま中学生の娘がいたために、目線を合わせることができた。私にしか伝えられない生きるうえでの重要なことを話したかった。学校では教えてくれない本当のことを伝えたいと思った。いろいろ考えた挙げ句、私は中学生に「はまることの大切さ」を伝えようとした。私自身、はまって生きてきた。次々にはまることで、今日の私があった。

私は次のような話をした。

1. はまることができる人は魅力的だ。何かにはまって熱中すると、面白い人生を送れる。学生時代に何かにはまった経験のある人は、仕事にもはまることができる。はまる対象は時期に応じて変わってよい。はまることで自分と対象とが一つになり、自分を成長させることができる。

2. はまらない人は、自分と対象とが離れているため、自分を変えることができなくなる。冷淡でつまらない人になる。はまる対象を見つけることができないと、つまらない人生を送ってしまう。

3. 私は現在ウルトラマラソンにはまっている。リュックサックに水や食料を入れ、夜は懐中電灯で道を照らして、夜も眠らずに走るのだ。こんなに大変なことはないが、同時にこんなに面白いこともない。

4. 自分の体力の限界にぶつかると、この限界を押し上げることが最高の喜びになる。

5. 雨の日も、風の強い日も、晴れの日も走る。朝も、昼も、夜も走る。自然の中で呼吸しながら走る。人間は大自然の小さな一点に過ぎないことを悟る。

6. 甲州街道を走った時、道の側溝を山からの湧き水が流れていた。夜、星を眺め、水の流れる音を聞きながら走った。日本は緑と水の豊かな素晴らしい国だ。
7. レースが終わって家に帰ると、屋根があるため雨に濡れなくて済んだ。水道の蛇口をひねると、水が出た。風呂では体を洗えた。髪の毛もシャワーで洗えた。湯船にはお湯が溢れていた。ふかふかのベッドで寝られた。冷蔵庫には冷たいアイスクリームがあった。私たちの日常生活は実に恵まれている。
8. 山登りやウルトラマラソンを走る仲間は、人間として面白く心が素直な人たちだ。
9. 私は、マンガ、美術、応援団、座禅、学習塾、インド、公認会計士の勉強、ベンチャー起業家にはまって生きてきた。全部が違っていて面白かった。
10. はまることのできる人は素敵な人生を送れる。

これが「はまる」をテーマに話した内容であった。授業の最後に生徒に質問してもらった。予想を超えた質問ばかりが寄せられた。「社長の給料はどれくらいですか?」「社長は何時に会社に行くのですか?」「社長って面白いですか?」。

私は中学生がこれだけ「社長」に興味を持つことに驚いた。「社長」がどこに住み、何を食べ、何時に出社し、何をして、お金をいくらもらっているのかを根掘り葉掘り聞かれた。中学生は「社長」に憧れていることを知った。

一〇月一三日・一四日に、私は山岳耐久レースを完走した。その二日後の一〇月一六日に、中学校での授業があった。私は山岳耐久レースでスズメバチに刺されたばかりであった。まだ傷口が生々しかった。私は「目から火が飛び出た」激痛をリアルに話した。中学生は生ツバを呑み真剣な表情で聞き入った。私は左足がつり、両足とも動かなくなった。そこで、腹這いになり草をつかんで前進した話をした。生徒は皆、目を点にして聞いていた。

授業終了後、子供たちの書いた感想文が送られてきた。スズメバチに刺されても走ろうとした話が印象深かったらしい。刺されてもリタイヤしなかった私を絶賛してくれた。子供たちに褒めてもらい、私は嬉しかった。「スズメバチに負けるわけにはいかない」と、あの時の私は歯を食いしばった。

考えてみると、私はいつもそう思って生きてきた。「こんなところで負けるわけにはいかない」そう思いながら踏ん張って生きてきた。私は、やれる限りの力をふり絞り生きることが好きだ。私は中学生に、私のような生き方の面白さを伝えようとした。

女子中学生の問い

私が授業を依頼されたのは、都内の公立中学校であった。人間の核ができる中学生の年頃の子供たちに、私にしか話せないメッセージを伝えようとした。「はまることの大切さ」の他に「私が体験したこと」や「社長になることの面白さ」のテーマで話した。

S区の中学三年生のクラスで授業を担当した時の話だ。そこは零細な家業や下請企業の多い地域であったため、当時の不況の影響をまともに受けていた。クラス担任の教師が「不況のため家業がうまくいっていない家庭の子が多いのです」と語ってくれた。

昼休みの給食を、男子生徒は瞬間的に食べた。女子生徒は、ゆっくりと食べた。男子は、余った牛乳を飲む人を決めるために激烈なジャンケンをしていた。

私は、この日「私が体験したこと」というテーマで話した。実は一年前にも、同じ中学校で話をしていた。一年前、私が授業をしようとすると、最初から寝ている男子がいた。これには驚いた。私の話を聞いてから寝るのなら、まだわかった。だが、彼は私の話を聞く前から寝ていたのだ。それに比べて、一年後の三年生は寝ていなかった。「なかなか、いいじゃないか」と思った。

授業の最後に質問を受けた。いずれも女子生徒からであった。

「なぜ、インドを選んだのですか？」

「一番辛かった時はいつですか？」

このクラスの女子生徒の目つきは真剣であった。ある女子生徒が尋ねた。

「中学校には黒塗りの車で来たのですか？」

私は彼女の目を見て答えた。

「私は学校までは電車を使って歩いてきました。黒塗りの車には乗っていません」

当日、私以外の経営者は皆、黒塗りの車に乗り運転手に見送られて中学校の玄関をくぐった。それを生徒は見ていた。私は電車を使い自分の足で歩くのを「当然のこと」にしていた。そのため、彼女の質問にも胸を張って答えた。教室内に「エッ！」という驚きが走った。

「いつも、そうしてるのですか？」

別の男子生徒が尋ねた。

「自分にできることは自分でするのが、私の主義です」

壁がとれ、教室の空気が変わった。窓際の席でじっと私を見ていた女生徒が私に尋ねた。

「私の家は経済的に苦しくなっています。私は高校に進学するかどうかで悩んでいます。高校に行っても将来に役立つかどうかわかりません。だったら、高校には行かずにこのまま就職したほうがいいのではないかと思うのです。斎藤さんはどう思いますか？」

突然に中学三年生の女子生徒から、人生の悩み相談をされた。私は彼女の両親や先生がどう答えてくれたのかを尋ねた。彼女の問いに大人たちは皆「あなたの好きなようにしていい」と答えたと言った。「でも、そんな答えってないと思います。斎藤さんなら、どう答えてくれますか？」

私は、自分に向けて真剣に問う女子生徒を見た。私は正面から答えた。私が中学三年生の時の話をした。手塚治虫さんのマンガに憧れていた私は、修学旅行で東京に行くと「虫プロ」に電話をかけた。「私をアシスタントに雇ってください」と電話口で必死にお願いした。

あの時、手塚治虫さんが電話に出て、私にこう語ってくれた。「物語を構想する力がないといいマンガ家にはなれません。高校に進学して、本を片っ端から読みなさい。高校に行ったら美術部に入りデッサンも基礎から勉強しなさい。出版社の編集者は、大学を出ていますから、中卒では馬鹿にされます。できたら、大学まで行きなさい」私は神様のように慕っていた手塚さんの言うとおり高校に行き、大学にも進学した。

今振り返ってみると、あの時、手塚さんが私に語ってくれた話は全部正しかった。だから、私はあなたに同じ言葉をあげようと思う。高校に行きなさい。高校の図書館にある本を片っ端から読破しなさい。時間を惜しんでいろいろな体験を本気になってしなさい。自分の好きなことを探し出して、はまりなさい。そして、自分がどう生きるのかを悩んで考えなさい。高校の三年間を、本を読み、体験し、考えることのために使いなさい。できたら、自分の生きる武器を身につけるために大学にも進学しなさい。

彼女は、私の話をじっと聞いていた。そして「ありがとうございました」と言い着席した。彼女の問いは真剣で鋭かった。私は、彼女に答えながら、わかったことがあった。

「手塚治虫さんも、私に電話で話してくれた時、こんな気持ちだったんだ」

中学三年生は、まだ危うい年頃だった。私は自分がスレスレで危うさを脱したことを知った。私は、この女子生徒が無事にハードルを乗り越えることを祈った。それにしても学校教育は、義務教育を終えて就職するか進学するかで悩む中学三年生に無力であった。

誕生日カード

'02年に私が走ったマラソン大会を調べてみた。一月に宮古島百キロ、新宿ハーフ、二月に青梅マラソン、三月は韓国済州島二百キロと荒川マラソン、四月に鶴沼百キロと「さくら道」二七〇キロ、五月は「しまなみ海道」百キロ、六月にサロマ湖百キロ、七月に北海道栗山百キロ、八月に再び鶴沼百キロ、九月にはスイスのユングフラウマラソンと甲州街道二四〇キロ、そして一〇月にスズメバチに刺された山岳耐久レース、一一月は筑波マラソンと、なんと一一カ月間で十五のレースに参加したことになる。六月三〇日(日)にサロマ湖百キロレースを走った六日後には、再び北海道で栗山百キロマラソンに挑戦していた。われながら、よくぞ走ったものだと感心してしまう。

私は、実は一二月八日(日)に葛西で開催された「ポノルルマラソン」にエントリーしていた。この大会はハワイのホノルルマラソンに参加できないランナーのために開催された。私はこの日は、早朝から仕事と格闘していた。「悔しいな」とは思ったが、どう頑張っても時間はとれなかった。

私は会社を設立して以来、事務局社員とその配偶者および子供の誕生日に陶器をプレゼントしてきた。その時、「カード」に私のメッセージを書いて同封した。この年の一二月に私は翌年用のカードを書いた。子供用は次のようであった。

「お誕生日、おめでとうございます。

私はボランティアで中学校に行って、生徒の人たちに話をしています。中学一年生だったり、中学三年生だったりします。私は、いつも三つのことを話しています。一つは、自分に強さをつくりなさい、ということです。みんなと同じでは他の人と差別化することができません。みんなと違う自分になるためには、みんなにない自分だけの強さが必要です。二つめは、自分の好きなことを見つけて、それに『はまる』ことです。自分が面白いと思えることを発見し、それに全力を傾けて没頭することは、とても素晴らしいことです。是非、『はまる』生き方をしてください。私はウルトラマラソンと山岳マラソンにはまっています。三つめは自分の頭を使って考えることです。他人の言うことの中には、間違っていることも多く含まれています。本当に正しいことは何なのか、を自分で考えて周りの空気に流されずに発言するのです。自分が思うことを口に出して言うことで、世界は広がります。この三つのことをいつも手放さずに考えてください。」

次に、配偶者用にはこう書いた。

「お誕生日、おめでとうございます。

私は毎週、週末になると、始発電車に乗って山登りに行くか、ウルトラマラソンを走っています。おかげで、体の筋肉は引き締まり、私の生涯で最高のナイス・ボディになりました。体脂肪計で計っても、一六％の体脂肪率で家族で一番低くなっています。定期券の年齢も『35歳』と記入しています。体が健康であることは、全ての基本になります。食事ではヨーグルト、納豆等の醗酵食品を取るように心がけています。

山登りをしたり、ウルトラマラソンを走ったりして気付くことは、⑴自然に対する人間の弱さ、です。でも、同時に⑵練習に合わせて能力が上昇する人間の力の素晴らしさ、にも凄いことだと感心しています。そして⑶日本の自然の美しさ、緑の多さ、水の豊かさにも驚かされます。山に登ったり、ウルトラマラソンを走ることを続けるためにも、私は健康に生きることを心懸けています。睡眠時間をきちんと取り、毎朝ウォーキングをして心肺機能と骨、筋肉を鍛え、食を見直し、ストレスを溜めないように精神面を強化し、ごきげんに楽しく生きていこうと思います。」

最後に、本人用のカードを書いた。

「お誕生日、おめでとうございます。

『これまでの人生の中で、一番頑張ったこと又は全力を尽くしたことは何ですか』これは私が社員採用の最終面接で尋ねていることです。一度しかない人生を全力で熱意を持って生きた経験があることは、とても大事です。逆に一度も全力で生きた経験のない人は、恥ずかしいと思います。これまでの人生で、自分の能力を全開にして力を尽くすことができた人だけが、これからも同じように生きることができます。私が社員の人たちに求めることは、TACで全力を尽くして仕事に励むことです。中途半端に仕事をされることを、私は望みません。自分の力を全開にして発揮できた人だけが、さらに力を伸ばすことができるのです。

もう一つ大事なことは、自分の好きなこと又は面白いと思うことを見つけることです。自分の好きなことは、自分のことがわからない限り答えられません。『自分は何者なのか』の問いを繰り返し続けるべきです。自分のやりたいことを知り、全力でやりたいことに没頭し、そのことに一万時間を投入することができるなら、その道のエキスパートになれます。人生は、自分の思っている以上に面白いものです。」

資本主義の精神

'02年一二月に私は自分の十大ニュースを考えた。書いて驚いたことは、ウルトラマラソン大会に出場したことが上位を占めたことであった。しかも過激で苛酷な大会ほど上位にランクされた。後になって思い出すのは、辛くて大変だったことなのだ。その時は、絶句し逃げたくなるくらいに大変なことでも、後で思い返すと「あんなにワクワクして面白かったことはない」に変わっていた。

私は限界を超えることを自分に課して生きてきた。ウルトラマラソンは、自分の肉体の限界との闘いであったために、はまった。ギリギリの限界を超えてもなお力を出し尽くしている自分を見ると「何てよく頑張っているのだろう」と褒めてやりたくなった。一〇月の山岳耐久レースでは、途中でスズメバチに刺された。右足首にスズメバチを見つけた時は、わが目を疑った。しがみつくスズメバチを叩いて退散させたが「しびれ」が右足のつけ根にまで回り右足が動かなくなった。私は草の上をころがり苦痛をこらえた。すぐに「右足が動かなくなっても、左足がある」と頭を切り換えた。左足だけで右足を引きずりながら走った。その後、無理がたたって左足がつった。両足とも動かなくなったとき、私は涙が出そうになった。「一体どうしたらいいのだろうか」と絶句し、途方に暮れた。絶望の淵に立たされても、私は執念で諦めなかった。「そうだ。両足が動かなくなっても、まだ両手がある」そう気付くと草をつかんで這って前進した。これが'02年私の十大ニュースの第一位になった。第二位には、スイスのユングフラウ・マラソン大会を選んだ。

私は第三位に自分が「金持ち」になったことを挙げた。'99年ジャスダック市場に株式を公開した時、私には多額の借金があった。通常なら、会社の株を公開した時点で金持ちになるはずなのに、私は借金を返済しただけで終わりになった。笑えない本当の話であった。会社はその後、ジャスダック市場から東京証券取引所に市場を変わろうとした。そのためには株主数を増やすことが要求された。'02年、私は手持ちの株式の一部を売却して株主数を増やすことを、主幹事証券会社に要請された。売却した結果、私の口座に多額の資金が入ってきた。初めて、公開してお金が入る体験をすることができた。私は、それまでの借金漬けの人生から金持ちへと、人生を大きく転回させることができた。

私は、五十一歳にして初めて「金持ち」になった。これが'02年の第三位を占める出来事であった。通帳の数字は、それまでは百万単位からスタートしたのに、その後は億単位から始まるようになった。数字の桁が多いのに驚いた。お金をいくら使っても、通帳の数字は減らなかった。もちろん、使った分だけ減るのだが、上位の数字に変動がないため、減ったようには見えなかった。「こういうことなのか」私は初めて金持ちの気持ちを体験した。

会社を公開させたことで株に値段がつき、その一部を売却して少しばかりの金持ちになる経験をしたことから、私は資本主義に感謝した。資本主義は、顧客に支持されて競合に勝てた起業家が報われる社会であることを実感した。これまでに流した涙と汗を、株式を通してお金に転換させることができた。新しい仮説を打ち立て、圧倒的な努力を積み重ね、事業に成功した者に厚く報いてくれるのが、資本主義の素晴らしい精神だったことに気が付き、感激した。

私は、スタート時から金に苦労した。借金がふくらみ、利息の支払いだけで給料のなくなる日々が続いた。ネクタイを買う金すらなかった。小学生だった娘に「パパはいつも同じネクタイだね」と言われた。私同様、多くの起業家は金がなくて困った。皆、ない知恵をふり絞り金策に駆けずり回った。ようやく獲得した資金は事業に注ぎ込まれた。だが、勝ち続けることのできた人は、そのうちのごく一部に過ぎなかった。

私は、公開で得た資金の半分を、後に続く起業家のためのリスクマネーとして還流させたいと願った。だが、米国とは異なり日本の税務当局は、個人がリスクをとってベンチャーに投資することに何の関心も寄せなかった。形式だけのエンゼル税制はあるが、使いにくく事実上ないに等しかった。そのため、リスクマネーとして還流させたいという私の願いは一部しか実現することができなかった。

富裕な商家の娘に生まれた母は、実家が没落する体験をした。その母には口癖があった。
「お金はあるところには一杯あるけれど、ないところには全然ないものよ」

私は五十一年間、金のない世界にいた。母の言うように全然なかった。五十一年経って、ようやく金のある世界へと移動できた。私は母の言うとおりだと思った。金を持つ人々は一杯持っていた。しかも、金のある人ほど知識を持ち、金を増やすことができた。貧乏と金持ちの両極を行き来した私には、資本主義の精神がよく見えた。

暗転

金を使うには、時間が必要になる。欲しいモノを買うには、百貨店や専門店に行きショッピングをするための時間が不可欠だ。だが、私は仕事と格闘していたため、時間が自由にならなかった。旅行に行く時間も、買い物をする時間も、どちらもとれなかった。いくら金持ちになれても、私は金を使うための時間が絶対的に不足していた。金を使える十分な時間のある人は、金持ちになることでイイコトが一杯やってきた。だが、私のように時間が絶対的に不足する多忙な人は、金持ちになっても何も変わらなかった。人生における金と時間との関係はうまくいかないものだとつくづく思った。

私は、かつて金がなかったために、生きるのに苦労した。そのため、金は自分の夢を実現するための手段だと思った。金を人生の目的のように言う人がいるが、それは間違いだ。「金さえあれば人生は幸せだ」などと過大視してはいけない。私が少しだけ金持ちになって思うことは、金持ちにも不幸な人が一杯いることだ。金がなくても幸せな人は一杯いる。

幸福は人の心の持ちようによるのだ。

一人の人間が一日に使える金額は、私は十万円が限度だと思う。一年間使い続けても、三千六百五十万円だ。三年間でざっと一億円になる。三十年間の期間で考えると、一日十万円を三十年間使い続けるには十億円あればよい勘定になる。それ以上の金があっても、使いようがない。

私は一人の人間にとり意味のある金は、最大限見積もっても十億円が限度だと思う。それ以上は使い途のない無価値の金になる。金は途中から価値が下がり、やがては価値のなくなるものなのだ。

人は自分の死が近付いた時、初めて「金をあの世には持っていけない」という事実に気付く。いくら死ぬ気でお金を貯めても、死ぬ時になると金は何の役にも立たないのだ。だから、金のために人を傷つけたり、肉親と不仲になったりするのは間違ったことだと思う。金は人が憧れるほど「タイシタモノ」ではない。人は皆、必ず死ぬ。その時、金は何の役にも立たない紙クズになるのだ。

但し、人の発想は金に縛られることが多い。金がないと、考える幅も狭くなる。金があると、発想の幅は広がる。だから、金はないよりもあったほうがよい。それでも、金がなくても、雄大な発想で夢を描ける人はいる。

金に苦労し過ぎて、金に汚くなる人がいる。そういう人とは、別れたほうがよい。一緒にいても、イイコトは起こらない。私は金に苦労したが、そのことで決して金に卑しくはならなかった。そのため、人によると思う。金に卑しい人は、思わぬ寝技を使い平気で人を裏切る。私は寝技を使うような人とは決して関係を持たないことにしている。

日本は、繊細でとても嫉妬深い国だ。米国では、成功したアントレプレナー（起業家）が称賛され、リスクを取って挑戦することが評価される。日本では起業家が苦労の末に公開しても、称賛されることはこれまで希であった。今、ようやく時代が動き、起業家に対する社会の評価がプラスに変わった。

'02年一一月二一日、会社は中間決算を発表した。期初に発表していた予算を上回り、順調に成長を遂げていた。このままいけば、年明けにも東証二部に上場できそうであった。私は体力の限りに仕事をした。週末も会社で働き、休みは皆無であった。私の体はピーンと張りつめていた。

だが、長い間緊張を続けてきた私の体は、無理がたたり変調をきたすようになった。最初のトラブルは、一一月二四日の「つくばマラソン」の時に起こった。前日も夜遅くまで仕事をした私の体は、疲れ切っていた。マラソン仲間は早起きが得意なため、集合時刻が早朝であった。その日、体が「起きてはいけない」と強く抵抗した。疲労し切った体をかばっての頑強な抵抗であった。それでも、私は布団をはぎとり、朦朧とする体を無理矢理起こした。ひどい頭痛がした。頭が澱んで重く、だるかった。

頭痛に襲われながら、私は晩秋の筑波市街を走った。銀杏の木は黄色一色に染まり、落ち葉で街も黄色に染まっていた。私は体調不良で、体が震えた。

レースを終えて、東京へ帰るバスに乗った。このバスの中で、私に思いもかけないことが起こった。突然、気分が悪くなり吐いたのだ。私は、胃腸の強さで知られたウルトラランナーであった。ある時は、ビールを飲みながら走った。またある時は、カレーライスを食べながら走った。私以上に胃腸の頑丈なランナーはいないと言われたその私が、レース終了後に嘔吐した。信じ難い出来事であった。私は、この事件をどう位置付けたらよいのかわからなかった。あの日、私の体は疲れ切り、頭がガンガンと打撃され、割れそうに痛かった。

最後の麦の一束

一二月になると、私のスケジュールは殺人的になった。会社には、私のやるべき仕事が山のように積まれた。いくらこなしても、次から次へと仕事が湧いてきた。会社は、東証二部への上場を目指して駆け上がろうとしていた。多忙に慣れていたはずの私でさえ、初めて経験する多忙過ぎるスケジュールであった。

毎日が勝負になった。日中に分刻みの打ち合わせをこなすと、夜には書くべき原稿の締切りに追われた。締切りは日々やってきた。そのため、私の帰宅は深夜に及んだ。休みの日も、早朝から一人会社で仕事の山と格闘した。

「こんなところで負けるわけにはいかない」

私は悲鳴のような雄叫びをあげ仕事に向かった。私は白兵戦のただ中にいた。ちょっとでも気を抜けばたちまち斬られた。私は自分の限界スレスレで戦った。

「驢馬《ろば》に積む最後の麦の一束」の話がある。麦藁を驢馬の上に積んでいくと、驢馬が倒れる最後の一束があった。私にとり、これから起こる出来事の一つ一つが最後の麦の一束になった。

一二月二一日(日)は、以前からの約束で沖縄の講演会が組まれていた。だが、この時、私の体はボロボロで破壊寸前に追い込まれていた。私の体が「休ませてほしい」と合図を送り続けた。赤ランプが点滅した。私はこの週末を休めば体力は回復すると思った。それでも、今さら講演会をキャンセルするわけにはいかないと思った。「集まってくれる人々がいる以上、キャンセルするわけにはいかない」私は悲愴な決意で沖縄に向かった。

あの日、私は熱が出て咳が止まらなかった。体力に絶対の自信を持っていたはずの私が風邪をひき咳込んだのだ。あり得ないことであった。私は自分が体力の限界の一線を越えつつあることを知った。

私は沖縄に着くと、薬屋で「のど飴」と二千円の「ユンケル」を買った。何としても目前に迫った講演会で聴衆に「来てよかった」と思ってもらえる話をしたかった。熱が続き、咳が止まらなかった。私は講演の途中で咳込まないことを祈った。会場は、一杯の聴衆で埋まっていた。

私は、ようやく講演を終えるとホテルに戻った。体を休ませたかった。フロントでマッサージを頼んだ。部屋に戻ると、驚いたことに元気一杯の老婦人がやってきた。

「失礼ですが何歳になりますか？」

私が年齢を尋ねると、七十六歳という高齢であった。彼女は孫の自慢をしながらマッサージを始めた。かつて中学校の体育の時間に、柔軟体操をしたことがあった。彼女のマッサージは、二人一組でする柔軟体操そのものであった。体の固い私は、彼女に引っ張られたり、曲げられたりして「ふぎゅう」と悲鳴を上げた。

「お願いです。もう許して」

私の頼みが聞き入れられることはなかった。彼女は時間一杯、私の体を引っ張ったり丸めたりした。翌朝、体中が痛んだ。あのマッサージは一体何だったのかしらと思った。

毎年一二月二八日は、会社の仕事納めの日である。この日は夕方になると会社にある酒やビールが全部集められて会議室で宴会が始まった。一年前の'01年の宴会は凄かった。最後はビール、日本酒、ワインのチャンポンでのイッキ飲みになった。指名された人がイッキに飲み干すのだ。私は次々に指名され、最後に潰れた。ただの酔っ払いになり腰も立たなくなった。

深夜、私は会社の人に自宅まで運ばれ玄関で血を吐いた。ムチャクチャな酔っ払いの私は、家族中の非難を浴びた。

前年の失態があったため、'02年一二月二七日(金)の仕事納めの宴会で、私は慎重にアルコールを飲んだ。週末は、仕事で埋まり、一日も休みのない日が続いた。ようやく、仕事納めになった。これで正月休みになり、体を休めるのが通常であった。

だが、この年は長女が大学生最後の冬休みであった。四月から社会人になるので、家族そろって旅行する最後の機会であった。イタリアがいいと思い妻に予約を頼んだ。私は、会社が一二月二七日に仕事納めになるので、翌二八日はゆっくり休んで、二九日から始まるツアーの予約を依頼した。だが、妻は翌二八日からのツアーを申し込んだ。どうせ行くのだから、イタリアを全部回りたい、と家庭の主婦の発想を主張して譲らなかった。

一二月二七日、私は宴会で酔っ払いになり深夜に帰宅した。寝たと思ったら、もう成田空港に行く出発時刻になった。私は朦朧としたまま無理矢理に起床した。ひどい頭痛がした。この日、頭痛はどこまでも続いた。飛行機の中でもガンガンと私の頭部は打撃を受けて痛んだ。

イタリア・斎藤家の事件簿

かの文豪ゲーテは、イタリアに憧れて、やむにやまれずにイタリアを旅行した。私は大学生の時にゲーテの『イタリア紀行』を読み、かの地の陽光を浴びてみたいと憧れた。あの時、家族そろっての旅行ならイタリアがいいと思ったのは、そのためである。

私は年賀状を書く暇すらなかった。成田空港に向かう車の中で一部を書いた。イタリア旅行はツアーを利用した。この旅行中に、私たちに三つの事件が起こった。最初の事件は、ミラノからバスでボローニャに到着した、旅の二日目に起こった。

私は、一二月の激務のまま一日の休みを取ることもなく、イタリアに出発した。イタリアに着いても頭痛はひどく意識は朦朧としていた。ツアーを選ぶ時、私は妻に「どうして私の体を休ませてくれないの？」と抗議した時、思わず涙が流れ落ちそうになった。会社も、家族も、誰一人として私の体のことを心配してはくれなかった。さらに、このツアーは一月五日(日)に日本に戻る予定であった。私は一月六日(月)の早朝から社員を前に一時間のスピーチをする予定になっていた。そのため、一月四日に日本に戻るツアーの予約を妻に依頼した。せめて、一日は休みたかったからだ。だが、私の切なる願いは妻の前に退けられた。妻は日程が最長になるツアーを選んだ。私は「ひどい」と言うなり、絶句した。

イタリアで私は頭痛に襲われ、かろうじて息をしていた。夕暮れのボローニャの街はひどく混雑していた。私たちは、バスを降りると広場に向かって歩いた。途中の坂道は人で溢れていた。私は、旅行用の鞄を肩に掛けていた。混み合う満員電車のような人混みの中を、私はようやく前へと進んだ。不思議なことに、私の家族は坂道をスイスイと歩いていた。人混みから解放された私は、遅れを取り戻そうと坂道を急いだ。

ふと見ると、私の鞄のチャックが開いていた。私はあわてて鞄の中の財布を探した。だが、手には触れなかった。私は道端に寄り、鞄の中を見た。パスポートは無事だった。だが、財布は消えていた。私は「やられた」と思った。坂道の混雑はプロのスリ集団の手口だったのだ。ここはイタリアであった。ボケッとしていたら、やられてしまう。それまで意識朦朧としていた私は、ようやく目が覚めた。

財布の中には十万円分のユーロ紙幣とカードが入っていた。カードは電話連絡をして、すぐに止めてもらった。お金については諦めた。今になって嘆いても、終わったことなので戻ってくることはなかった。私は、スリにプレゼントしたと考えることにした。そう考えると、嬉しくなった。

私はボローニャの広場で家族の写真を撮ろうとした。妻も子供たちも、表情が暗かった。家族はスリにすられたショックで落ち込んでいた。私だけが気持ちを切り換えてニコニコしていた。私は自説を話した。

「過去のことは変えられないのだから、できるだけプラスの発想で考えるのがいいんだよ。スリにプレゼントしたと考えれば気にならなくなるよ」

私の発言に、皆が反発した。まず中学二年生になる次女が言った。「パパは反省が足りない。もっと反省しなさい」大学四年生の長女が言った。「スリなんかにプレゼントしないで、私にプレゼントしてくれたらいい物がいっぱい買えたのに」妻も息子も一緒になって「そうだ」「そうだ」と言った。盗まれた私だけが、一瞬で考えを切り換えてプラスに考えた。他の家族は暗くなり落ち込んだ。彼らにとり十万円は大金であった。頭の切り換えは、私の思うほど簡単にはできないことを知った。それでも私は、パスポートを盗まなかったスリに感謝した。

いつも私は旅先で一点だけ高価な買い物をした。この旅では、フィレンツェで革のジャケットを買った。フィレンツェは中世時代から皮革製品が名高い。これが、私のとっておきの黒革のジャケットになった。

旅の最終日、ローマで約三十名のツアー参加者との最後の晩餐会が開催された。私は例の黒革のジャケットを着用した。私たちは、カンツォーネを聞きながら、イタリア料理を味わった。会話がはずみ、ワインも飲んで楽しい歓談になった。私は通路側の席に座り、ジャケットを椅子の背中に掛けた。ここで悲劇が起こった。ウェイターが白いクリームスープを私のジャケットの上に大量にこぼしたのだ。私はシチューにまみれて白くなった黒のジャケットを、目を丸くして見た。こんな嘘のようなことが本当にあるのだろうか。隣席に座っていた長女が手早くスープを拭いてくれた。私も現実に戻って拭いた。私たち二人をよそに、周囲の歓談はますます盛り上がった。私の後ろでウェイターがしきりに謝っていた。

フランクフルト空港のトイレ

私はジャケットを拭きながら、次にどう行動するかで迷った。本来なら、店の責任者を呼び「どう始末をつけるのか」と凄む場面であった。だが、そうすれば場の雰囲気が壊れた。娘が心配そうに私を見つめた。失礼なことがあると、放っておかずに喧嘩を売るのが私の性分なのを、彼女はよく知っていた。娘が心配そうに尋ねた。「パパ、どうするの?」私はちょっとだけ考えてから「みんなのために放っておく」と答えた。娘は嬉しそうに「ありがとう」と言った。これが斎藤家の二つ目の事件であった。

三つ目の事件は、帰国途中に起こった。最終日、私たちはルフトハンザ航空でローマから一度フランクフルト空港に立ち寄り、そこで成田行きの全日空機に乗り換えることになっていた。フランクフルト空港では一時間の空きが生じた。ツアー客は思い思いの方法で時間をつぶした。

やがて搭乗時刻になりメンバーが集合した。私の家族も集まり、さあ搭乗しようとした時、大学一年生になる息子が言った。「トイレに、パスポートと搭乗券を忘れてきた！」私彼はそう言うなり、全速力でトイレに向かって駆け出した。私たちは茫然と見送った。私の頭の中に、最悪のケースが映し出された。翌朝は、日本で一年に一度の社員総会の日であった。年頭の社長講話の時間になったのに、社長の私がフランクフルトにいて会社に電話をかけている姿であった。私の頭の中を、さまざまな悪夢が駆け巡った。パスポートが見つからなければ大変なことになると思った。息子は空港の中を駆け抜けると、やがて点になった。随分と遠くのトイレに入ったものだ。

後で息子に聞いた話からその時のことを再現すると、次のようになる。トイレにたどり着いて見渡すと、彼の使った個室の扉は閉じていた。誰かが使用中であったのだ。彼は仕方なく、個室の人に向かって英語で叫んだ。

「僕のバッグが壁に掛かっています。お願いですから、投げてください」

やがてトイレの中から図太い男の声がした。

「坊やの言っているのは、これのことかい？」

トイレの下の空間から、バッグが飛んで出てきた。それは息子のバッグに相違なかった。彼は礼を言うと、再び駆けに駆けた。

飛行機の出発時刻の二分前であった。添乗員と私たち家族だけがチクチクと時の刻まれる音の中で、息子の帰りを待った。やがて遠くに見えた点がこちらに向かって近付いてきた。その点は次第に息子の姿になった。彼は、手にバッグを握りしめていた。笑顔で手が振られた。私たちは「やった！」と歓声を上げげた。心配していた添乗員の女性は「よかったわね」と涙ぐんだ。私たちはそのまま飛行機に飛び乗った。

危なかった。よくぞそのままトイレにあったものだ。もし、落とし物として拾われていたら時間に間に合わなかったろう。もし誰かに持ち去られていたとしたら、日本に帰るのは何日か後になっていたであろう。いろいろあったけれど、イタリアは面白かった。

ローマは、古代と中世と現代が同居していた。古代ローマの遺跡も、中世に築かれた教会も石でできていたため残されていた。日本は木造の建物のために、時代が動くたびに戦乱で焼失した。それに対して、石は焼けても残る。古代ローマ時代のコロッセオや凱旋門、さらにはパンテオンを眺めたり実際に中に入ってみると、古代ローマ時代にワープしてしまう。パンテオンの中に入り、何も考えずにボッーと立っていると、不思議に落ち着いた気分になった。ローマは何日いても面白い街であった。

フィレンツェでは、ミケランジェロに出会えた。だが、それ以上に、私にはシエナが面白かった。シエナは、かつてフィレンツェとライバル関係にあった都市だ。一二世紀には、シエナがフィレンツェと戦い勝利している。だが、その後フィレンツェはルネサンスの中心都市になった。フィレンツェの経済力がシエナを圧倒した。シエナは没落し、中世の都市国家のまま残った。

私たちは、一月五日の夕方に帰国した。家に帰ると夜であった。旅の疲れがドドッと押し寄せてきた。体は、このまま休みたい、と合図を送った。それでも、翌日は朝から社長として、'03年の年頭スピーチをしなければならなかった。スピーチの準備のため、翌朝五時に目覚まし時計をセットした。

翌朝、私は起きるのに苦労した。体は疲労のためヨレヨレになっていた。意識が朦朧とし、脳が疲れ切っていた。

成功するために大事なこと

'03年一月六日の社員総会で私が話したテーマは「成功するために大事なこと」であった。要点は、次のとおりであった。

1．心を固める

逃げ道を作らない。一点に自分の持てる力の全てを投入する。勝負の時は、うまくいくまでやり続ける。ひたすら努力を続ける。自分の限界を越える。

2．道を拓く

山道を歩いていて分岐点に差しかかった時は、よく考える。どの道を選ぶかで全然違う場所に出る。まだ道のない荒地では、手に石を持って自分で道をつくる。手を血だらけにして、初めて道は拓ける。時代がどこに向かって動くのか、自分が好きか、自分がそこで一番になれるのかで行く道を選択する。

3．物語を構想する

どうすればそこで勝てるかの戦略を構想し実行に移す。ライバルと自分の強さと弱さを分析し、勝つためにどうすればよいかの戦略を考える。どの一点を戦略的に集中して攻めるのかを考える。自分なりに成功する物語を創りイメージを描く。

4．よく考える

常識では決して考えない。常識で考えると普通になってしまう。普通にはならない。青信号は皆が渡るから、危ない。赤信号の時に気をつけて渡る。判断こそ何よりも重要である。判断を間違えると大変な目に遭う。他人の考えに左右されずに、自分の頭で考える。常識には嘘が多い。皆が言うことにも嘘が多い。本質を見極める。

5．限界を越えて努力をする

限界は、自分で作った努力の線引きに過ぎない。人は無限の才能を眠らせている。自分の才能を眠らせたまま人生を終えてはならない。自分が授かった才能を開花させることが、人の生きる意味である。練習を繰り返すことで、自分の限界は越えられる。次々と自分の限界を越えることで、人は強くなれる。

6．スピードを速める

どの人も平等に一日二十四時間を授かっている。この二十四時間をどう使うかで、人の価値が決まる。自分のやることが決まると、残された持ち時間のあまりの少なさに驚く。「動き」の段階で手を打つ。

7．災い転じて福と為す

どんな人にも、災いは必ずやってくる。そうである以上、自分にも災いはやってくると心構えをする。どんな災いがやってこようとも、自分に起こったことには必ず意味がある。どんな災いであろうとも、必ずプラスに考える。災いによるダメージが深かろうと、決して呪ってはならない。「どうして自分が」と思ってはならない。災いと正面で対峙し、その意味をプラスに考える。

ダメージが大きく、どうしたらよいかわからない濃霧の中でもひたすら「道」を探す。客観的には絶望と思えるような時でも、たった一パーセントの光を求めて道を探す。「道は必ずある」と信じて道を探す時、濃霧の中にかすかに道が浮かんでくる。これが「窮通の道」だ。この狭い道を通り抜けた時に、別の視点から見た世界にたどり着くことができる。

8．逃げない

一度逃げると、逃げるのがその人の癖になってしまう。決して逃げずに、問題と正面で対峙する。相手に「こう変えてほしい」と思うことは、正面から話す。話さないと、相手は同じことを繰り返してしまう。

9．運を呼ぶ

自分の夢を描く。いつも明るく元気に行動して率直な心を持つ。決して威張らず、ポジティブに思考する。こういう人なら、自ら運を呼び込むことができる。

10．ゴールから考える

着地点を考えて、そこにたどり着くように逆算して手を打つ。入口付近でウロつかずに、まず本丸を狙う。どこがゴールなのかを最初に明確に決めておく。ゴールがわかれば、ゴールまで最短距離で行ける道を探す。」

'03年は、年初からハードな日程が組まれていた。東証二部への上場審査が進み、東京証券取引所の社長面接の日程が迫っていた。これが最後の関門であった。

一月一四日(火)午前一〇時、東京証券取引所で私はニッコリ笑顔で受け答えした。何を聞かれたのかは覚えていない。もともと物事に動じないタイプの人間なので、社長面接を無難にこなした。これで、ようやく念願だった東証二部への上場が現実のものになった。

その日の夜、私は高校の同窓会で講演をした。以前から頼まれていた講演であった。夜に講演を終えて会社に戻ると、ひどい腹痛がした。下痢であった。こんなことは、かつてなかった。私は頑強な胃腸に恵まれていた。そのため、私の辞書に「便秘」と「下痢」という文字はなかった。私はこの時、体が疲れ切り、ひどく体調が悪いことを知った。

N・Y・の孤独

日本IBM会長の北城さんから私に電話があった。私が外出中だったため、翌日かけ直すとの伝言があった。北城さんは四月から経済同友会の代表幹事に就任することが内定し、その旨の報道がされていた。直接私に電話をくださるというのは、よほど重要な要件なのだろうとは推測できたが、その趣旨は測りかねた。北城さんが教育委員会の委員長だった時、他の経営者と共に中学校に出前して講義を担当した。企業経営委員会の時には、委員長だった北城さんから副委員長をするように要請されて引き受けた経緯があった。北城さんの思考は透明でかつ行動力があった。グローバルな価値観を持つ正しい経営者であった。

翌日、北城さんから再度の電話があった。私は、どういう内容になるのかさっぱり見当がつかなかった。話の内容は、私の「副代表幹事」への就任の打診であった。私の想像の枠を遥かに越えた話であった。正直言って、仰天した。

大企業の社長か会長で、年齢の高い人が「副代表幹事」になるのが通例であった。まだ五十一歳の私は、経営者仲間では若手であった。分野もサービス業であった。「私にはとても無理です」と断わった。だが、北城さんは引き下がらなかった。「僕も断わったのに、やらざるを得なくなったのだから、斎藤さんもやりなさい」とわけのわからない話で攻めてきた。

私は、これまで「大変なことは面白い」と思って生きてきた。副代表幹事になることは、大変ではあるが面白いかもしれないと話しているうちに気が変わった。こうして私は、経済同友会の副代表幹事になることを了解した。

この人事が新聞に報道されると、私は多くの人に「おめでとう」と言われた。それに対して私は「大変です」と答えた。「これは大変なことになった」というのが正直な感想であった。ただ、私のような者を選んでくれたことに対して、誠実に応えていきたいと思った。

一月二四日(金)、私は雪の降る仙台を訪ねた。東北ニュービジネス協議会から講演を頼まれていた。私は義理のあるところから頼まれた講演は引き受けた。仙台では、昔の私が世話になった。

あの日、私の体調は悪化していた。体が固まり背中がカチカチになっていた。体力は弱まり、体が私の言うことを聞かなくなっていた。微熱が続き、咳が止まらなかった。私の体とは、とても言えない状態になっていた。私は自分の体を過度に酷使し過ぎたために、伸び切った生命の線がプツンと切れようとしていた。それでも私は、義理を果たすために仙台にやってきた。

私は駅から会場まで、雪の中を歩いた。白い雪の中を歩く私に、昔の思い出が次々に甦ってきた。私の体は極限まで痛めつけられて使いものにならなくなっていた。一方で、私の感覚は冴えていた。あの時、私は自分の心に封印していた感情に気付いた。私は青春の思い出を封印したまま、仙台に置き去りにして上京したのだった。

会場に着くと、そこは聴衆でびっしりと埋め尽くされていた。私は、仙台の思い出から話し始めた。好きだった彼女と別れて上京した話をした。東京で悪戦苦闘してようやく会計士試験に合格したこと、ベンチャーとして会社を起こしたことを話した。私は話をしながら、別れた彼女のことを思った。今どうしているのだろうか。会いたい。生きているうちに会っておきたい、と思った。この時、私の心の中で封印していた思いの封がはずれた。私は講演をしながら、私の心があの時間にワープしていくのを感じた。それから、私の心にかつての彼女が登場するようになった。

TACが東証二部に上場したのは、翌週の一月二九日(水)であった。私は東京証券取引所の鐘を木槌で思い切り叩いた。'01年一〇月にジャスダック市場に公開して、一年三カ月での最短の東証二部への上場であった。ようやく、ここまでこれた。後は、東証一部上場を目指すだけになった。会社の受付は、またも贈られた蘭の花で埋め尽くされた。私は「どうして皆は蘭の花がそんなに好きなのかしら？」と溜息をついた。

翌週の二月四日(火)から、私はN.Y.に出張した。米国の機関投資家に会社のIRをするためであった。N.Y.を寒波が襲った。私の体調は、最悪であった。N.Y.に向かう飛行機の中で、私は悪寒に襲われブルブルッと震えがきた。スチュワーデスにもらった毛布を何枚重ねても、悪寒と咳は止まらなかった。袋に痰を吐いてばかりいた。体温がグングンと上昇し、頭が朦朧とした。体がふらついて、トイレに立つのがやっとであった。こんな体で、一体どうやってプレゼンするのだろうか。普通に考えたら、とても無理であった。私の体は、咳と熱と頭痛と嘔吐と震えとで、使いものにならなくなっていた。

最後のマラソン大会

マンハッタンの中央に位置するフォーシーズンズホテルは最高級ホテルの代名詞のようなホテルであった。カンジンスキーの絵が飾られ、天井は高く、湯船のデザインは素敵であった。私はお湯を熱くして風呂につかった。体の温度を上げて風邪のウイルス菌を撃退しようと思った。悪寒で震える体を何とかして温めたかった。

翌日はプレゼンの当日であった。熱は依然として高かった。歩くとふらついて、人や壁にぶつかりそうになった。体のバランスがうまくとれなかった。プレゼンをするには危険な体であった。私の心は弱気になった。それでも私は「決して逃げない」と言い聞かせた。私はどんなに辛くても一切言い訳せずに生きてきた。「逃げるわけにはいかない。倒れてもいい」とこの時も心を強くした。私は逃げない覚悟でプレゼンを開始した。

ホテルの会議室には、二十名ほどの機関投資家が集まっていた。私は市場とライバルと参入障壁について説明した。スピーチが終わった時、ある機関投資家は「素晴らしいビジネスモデルだ」と絶賛してくれた。他の投資家は「資金調達の必要のない御社が、どうして公開したのですか？」と尋ねた。「私は、外部監査を受けて会計情報をディスクローズすることが、会社の透明性とレベルを高めるために必要なことだと思いました。私はTACが透明性の高いパブリック・カンパニーになることを望みました。そのため、資金需要のためではなく、透明性とパブリック性のレベルを高める目的で公開させたのです」と公開の志を語った。

TACは、大学が手がけなかった職業的専門家（プロフェッショナル）を養成する教育機関であった。大学は、プロフェッショナルを養成する教育を手がけることがなかった。そのため、日本社会に職業的専門家を供給する役割を果たしてきたのが、TACであった。それだけ重要な役割を果たしてきたのに一部の人々は「予備校」という差別用語を使い、私たちを土俵外に追いやろうとしていた。

N.Y.の街は、凍りついていた。人々はマフラーを顔に巻きつけ、毛糸の帽子をかぶり、スキーウエアで身を固めて完全防備していた。私の防寒は中途半端だったため、外出すると顔が痛くなった。冬のN.Y.はもうコリゴリだと思った。

N.Y.から帰国してからも、私の咳は止まらなかった。体は疲れ果てて高熱が続いた。免疫力がなくなっていた。小便が血の色になった。体は、朝になっても起き上がることができずに崩壊しようとしていた。

二月一六日(日)に、青梅マラソン大会があった。私は、とても走れるような体調ではなかった。当然、病んで傷ついた体を休めるべきであった。それにもかかわらず、私は無謀にも参加した。この日は、朝から雨の降る寒い日であった。吐く息が白くなり、体温が奪われて震えた。二月に開催されるマラソン大会は珍しく、毎年青梅マラソンには多くのランナーが集まった。私も毎年参加して足馴らしをしていた。ただ、これほど寒いのは、初めてであった。日中になっても気温は上がらず、逆に雨が「みぞれ」に変わった。氷の塊が空から降ってきた。

その日、青梅市役所近くのスタート地点を走り出したランナーは、上りの坂道をJR青梅線に沿って走った。沿道の観衆が声援を送った。私は手が凍えて冷たかった。寒い。私の顔面を氷の粒が直撃した。痛い。みぞれがこんなに痛いとは知らなかった。見上げると、どんよりと曇った空から無数の氷の粒が飛んできた。

私は、青梅から宮ノ平、日向和田を経て石神前までは何とか走った。だが、二俣尾に行く途中で足がつった。体が冷え切っていた。坂道を上る途中でまたも足がつった。痛かった。再び懸命にもんで走り出すと、またつった。今度は激痛が走った。

私は上りの坂道の途中で、立ち往生した。そんな私に氷の粒が降り注いだ。私は激痛をこらえて走った。走るにつれ、私の体はさらに冷え切り、何度も足がつった。こんな悲惨なレースは、初めてであった。私は無理に無理を重ねて、軍畑、沢井、御岳そして川井まで走った。そして、ようやく折り返し地点にたどり着いた。私の体は、寒さのために凍りつき、顔と手は氷の攻撃を受けて真っ赤に膨れ上がり、足には激痛が走って使いものにならなくなっていた。

折り返し地点を過ぎると、下りが多くなった。得意の下りなのに、気が遠くなるくらいに足がつった。御岳駅前を過ぎて軍畑に行く途中地点であった。私は両足を同時につった。私はそのままアスファルトの道路に顔面からぶつかっていった。寸前にやっと手が動いて防御した。そのため、頭部への激突はかろうじて免れた。私は道路にころがるとあまりの痛さに呻いた。みぞれが吹き荒れていた。私は軍畑の道路脇で茫然と空を見上げた。このまま走ったら、再び両足が同時につる可能性があった。手が凍えて動かないために、頭部から落下してアスファルトに激突するリスクが高かった。私はここでリタイアすることに決めた。これが私の最後のマラソン大会になった。

パンドラの箱

青梅マラソンの翌日（一七日）朝から機関投資家回りが始まった。ジャスダックから東証二部に最短で駆け上がったＴＡＣは、人気が高かった。連日、予約で日程がびっしりと埋められた。会社の業績は絶好調であった。一方で、私の体は絶不調であった。機関投資家は私に鋭い質問を浴びせた。私は質問の一つ一つに丁寧に答えた。

真剣勝負が連日続いた。私の神経は擦り減り疲れ果てた。私の肉体は、声も出ないほどに疲労困憊した。私の体力は、すでに基礎レベルまでをも食い潰していた。私は悲鳴を上げた。

私は虎ノ門病院で検査を受ける決心をした。自分の体が相当に悪いことはわかっていた。どう悪いのかを知ろうと思った。一年前までは百キロを超えるウルトラマラソンを平気で走っていた私だったのに、すでに体が自由に動かなくなっていた。私の当時のノートには悲痛な叫びが綴られていた。

「誰も私の体のことを心配してくれない。吐き気がしそうなくらいに、次々と勝手に日程が埋められていく」

虎ノ門病院で検査を受けたのは、二月二四日(月)であった。血圧が高かった。血糖値も高かった。肝臓の数値もひどく悪かった。さらに精密検査を受けることになった。

私は休養を最優先にすることにした。その後のマラソン大会の予約は全てキャンセルした。私が声も出ないくらいに疲労困憊していても、依然として私の手帳は仕事で埋め尽くされた。家にたどり着くと、二階の居間に続く階段を一段ずつゼエゼエと喘ぎながら昇った。私の体力は信じられないレベルにまで低下していた。

私の体が暗闇のどん底に転落した一方で、私の魂は光った。私が封印していた過去の甘美な思い出が私の目の前にキラキラ映し出され、私の脳を占領した。私の魂は過去の不思議な世界に浸った。

母がいた。母は私に何かを語りかけていた。母の言葉が、そのまま甦ってきた。私は会社の自室で、母と共にいた。優しく甘美な時間が流れた。母は毎日、私を癒してくれた。母は、Y子さんに変わった。高校時代に美術部で知り合った彼女とは、公認会計士の試験場で再会した。やがて私と彼女は、二人で勉強するようになった。そして、二人は恋に落ちた。夏の暑い日に彼女が言った。

「今日は私の誕生日なの」

私は道端に咲いていた野花を摘むと誇らし気にプレゼントした。

「おめでとう。心を一杯込めてこの花を贈るよ」

あの時、二人で交わした言葉が一言残らず甦ってきた。毎日、彼女と私とのやりとりが、私の耳元に谺《こだま》した。私が東京に上京することを決心して彼女に告げた時、喜んでくれると思ったはずの彼女が悲しんで言った。

「私も、一緒に連れていって」

私はそれを断った。彼女は泣いた。私がハンカチでいくら拭いても涙がこぼれ落ちた。

彼女は泣きじゃくりながら言った。

「私はどうしたらいいの？」

私の魂は、過去の甘美な世界にいた。封印したはずのパンドラの箱が開けられ、私の青春の日々の思い出が、光の矢のようにはじき飛ばされて現在の空間に満ちた。私は会社の自室で、温かい記憶の光の中にいた。

私はまだ何が起こっているのか理解できなかった。どうして、こんなに不思議なことが起こって私の心を癒してくれるのだろうか。私は日々不思議な夢の世界に浸った。現実に生きているのに、私の魂は異空間にいた。そこは、心の傷が癒される走馬燈のような光り輝く甘美な世界であった。

私は、はっと気付いた。「走馬燈」という言葉で、ようやくわかった。私は、自分の死期が近付いていることに、やっと気が付いた。

かつて、私は交通事故で車を大破させたことがあった。雨の降る日、東北自動車道で、私の運転していた車がガードレールに激突した。車は一回転して反対側の路肩にまではじき飛ばされた。あの瞬間、私の脳裏に過去の思い出がスローモーションのように映し出された。人は生命が危機に瀕した時、走馬燈のように過去のなつかしい映像に包まれることを知った。

私は、甘美な思い出が泉のようにとめどなく心に溢れて私を酔わせる日が続いた時、ようやく走馬燈のことを思い出した。そして、私の生命が危機に瀕し、終わりがすぐそばまで近付いていることを直感した。

大学生へのメッセージ

私は自分の死期が迫っていることを直感しながらも、日常生活に追われた。あの時は就職活動中の大学三年生への講演会が、毎週のように組まれていた。私は自分の思う本当のことを、集まってくれた大学生に訴えた。概要は次のとおりであった。

1．世の中に安定した大企業などない

どの企業も世界的レベルの競争にさらされている。安定した大企業に入社するのを目標にしても、現実にはそんな企業はない。どの会社もリスクを負って必死に競争している。もし安定した大企業に入社し、安定した人生を大禍なく過ごそうなどと甘い夢を持っているような人がいたなら、猛省してほしい。安定した会社や人生は、どこにも存在しないのだ。競争に勝ち続ける会社だけが生き残る。逆に、競争に負けた会社は没落し、そこで働く社員はリスクにさらされることになる。これが現実の社会の本当の姿だ。

そのため、どの会社を選択するにせよ、会社がなくなるリスクを覚悟しなければならない。どんな大企業であろうとも、時代の動きに合わなくなれば没落する。そのリスクを認識したうえで、会社が傾いてもいいように自分に力をつける必要がある。

2．時代の動く先を感じる

時代がどこに動くのかは、とても重要な問題だ。今隆盛を誇っている企業でも、時代の動きに取り残される事態が起これば、売上が右肩下がりの会社になってしまう。例えば、F写真フィルムがそうだ。かつては超一流企業だったが、デジタルカメラの登場で、今後市場は急速に縮小する。新規事業を立ち上げようとしても、柱にまで成長するためには時間がかかる。さらに、これまで安定した大企業だったために、ベンチャー型の人材がいないのだ。そのため、時代に取り残され転落する可能性が高い。構造変化が起こり、会社が成り立つ基盤そのものが失われる会社は、選ぶのを避けたほうがよい。傾きかけた会社を、あなた一人の力で立て直すことは不可能だ。リストラが始まれば、優秀な社員から順番に退職していく。残った人で再建するのは難しい。

時代が流れる先を自分で感じてみる。自分なりに仮説を作り、時代の動く先を予感して、その動きに合う会社を選ぶのがよい。

3．人はあてにならない

自分の人生で大事なことの全ては、自分が判断するしかないことだ。例えば、誰と結婚するのかは、最後は自分の直感による。離婚する場合も、他人にはわからないので自分の判断でするしかないことになる。人生の最期も、自分が一人で死んでいくしかない。涙する人がいくらいようとも、自分一人であの世に旅立つしかないのだ。こう考えるとわかるとおり、人生の大事は、自分が一人で判断するしかないことなのだ。

自分が就職する会社を決めるのも、一つの人生の大事である。必要な情報を集めたうえで、自分で決めるしかないことだ。親がどう言おうとも、当てにはならない。三十年前と今とは違う。友人が言うことも当てにはならない。友人の多くは、実は何も考えてはいないのだ。ただし、ごく一部の本気で真剣に取り組んでいる友人なら、よい情報を持っている。

就職した大学の先輩の話は、とても役に立つ。あなたの視野を広げてくれるので、ぜひ聞きに行くべきだ。何人かの先輩の話を聞けば世界が広がり情報も入ってきやすくなる。

4. 自分が何をしたいのかを考える

これがわからないと何も進まない。自分という人間がどう生きて、この世のために何をするのかは、自分の人生への根源的な問いになる。私は大学生の時代に、人生観を確立し自分の人生の角度を定めることができた。今振り返ってみると、私は座禅やインド放浪をしたことでピラミッドの底辺を広げることができた。あなたも、大学を卒業するまでの期間に、自分を追い詰めて自分の人生の目標を決めるのがよい。時間のある今のうちに決めておかないと、後は一生決められなくなる恐れがある。毎日、ノートにその時に思いついた「人生の目標」を書き綴ることを勧めたい。いつもノートを鞄に入れて持ち歩き、人生の目標を思いつくたびに書いていくのだ。そうするうちにヒントが次第に集まるようになる。

一番よいのは、寝床のすぐそばにノートを置き、寝る前に目標や使命を書き込むことだ。寝ているうちに無意識が働いて、翌朝目覚めると考えが前に進んでいる。ぜひ、試して欲しい。

5. 非公開会社は暗黒大陸だ

世の中の会社は、公開会社と非公開会社の二つに分類される。だが、非公開会社の場合には、外部監査を受けることがなく、また会計情報も開示しないことから、会社の売上や借入金といった基本的な数値がさっぱりわからない。そのため、財務諸表を公開していない非公開会社は暗闇の奥の暗黒大陸にあるようなものだ。会社の人がどう説明しようとも数字が全くわからないため信用できなくなる。

私はあなたが就職する会社を選ぶのなら、ぜひ公開会社の中から選択することを勧めたい。

Y子への手紙

「そうか。もう終わるのか」

私は無性に寂しかった。まだ、五十一年しか生きてはいなかった。死ぬ原因も、あとどれだけの時間が残されているのかもわからなかった。それでも、私の直感は当たった。今度も、多分当たるだろうと思った。

頭がグルグルと回った。泣きたくなるくらいに寂しかった。だが、感傷に浸っている時間の余裕はなかった。これから私は何をしたらよいのだろうか。残されたわずかの時間を使って、私が最後に何をするのかに神経を集中させた。やり残したことは一杯あった。それでも、今からやれることは限られていた。一杯のことが心に浮かんでは消えた。やはり、私にしかできないことをやろうと思った。

私は自分の物語を書くことを思い付いた。私という人間が、何を考え、どう生きてきたのかを書き遺すことは意味があることのように思われた。私は、この時、自分の人生をざっくり振り返った。そこには、可哀想で凄かった私がいた。私のことを書ける人は、私しかいなかった。それが子供たちへの唯一の遺書になると思った。

「急がないと、間に合わない」

私はTACNEWSの編集長を呼ぶと今月号でエッセイの連載を終了して、次月号からは私の物語を連載することを告げた。編集長は目を点にした。「どうしたのですか?」と不思議そうな顔をして、私を見た。

詳しい説明は無理であった。これから原稿を書いても、途中で絶筆になる確率が高かった。それでもいい。私が倒れる寸前まで原稿を書き続けよう、私にやれる限りのことをしようと自分に誓った。編集長から題名を尋ねられた。私は『私の原点と経営戦略』と題名をつけた。こうして、TACNEWSを発行して以来、二十年間にわたって書き続けられた私のエッセイにピリオドが打たれた。

その日の夜、私は過去の自分に戻って、その時の風景と自分のことを書き始めた。原稿の「はじめに」を私は次のように書いた。

私はこれまでの人生を振り返ってみた時、今ここに立っていることが奇跡的なことに思えてならない。全然別の人生を送っていた可能性がいくらでもあった。私は分岐点に差しかかるたびに難路を選んだ。リスクのある道が一番大変で面白かった。だが、そこでは大事な人との別れが待っていた。

人生の修羅場は何度も訪れた。「もう駄目かもしれない」ところびそうになった時があった。その時、母が支えてくれた。私は何とか踏みとどまることができた。数々の試練を乗り越えることができたのは、母が見守ってくれたおかげであった。その母が亡くなって六年が過ぎた。人生を振り返るには早いが、私の生きてきた原点と青春時代とを透明な魂の記憶に辿ろうと思う。私に能力を超える試練が次々に訪れ、そのたびに私は懸命に立ち向かった。はじき飛ばされ傷ついた「可哀想な私」がいた。それでも、めげずに何度も立ち向かい試練を克服した「凄かった私」がいた。


第一回目の原稿ができあがったのは三月一八日であった。

私は急いでもう一つのことをしようとした。それは、仙台のY子さんに手紙を書き、生きているうちに再会することであった。私がやり残してしまった最大のことであった。別れてから三十年近い歳月が過ぎ去っていた。彼女も私も結婚していた。三十年間の年月の重みは、二人を全く異なる空間に追いやっていた。それは、わかっていた。それでも私は、自分の生命が終わる前にY子さんに会いたいと切望した。

「会いたい。生きているうちに」

私はY子さんに手紙を書いた。

「こんにちは。随分と久し振りになります。私はその後、二七歳の時に公認会計士試験に合格しました。いろいろなことがあったけれど、私はあなたと二人で仙台で受験勉強していた時のことが忘れられないし、私にとっての原点になっています。許されることなら、あなたと一度お会いしてお話をしたいと思います。ようやく手紙を書くことができました。お会いしてくれませんか。でも、あなたが望むならにします」

そして、この手紙を投函した。

三月二六日に、Y子さんから返事が届いた。手紙には、こう書かれていた。

「ポストにあなたの名前を見つけたとき、同名異人かしらと思いました。忘れられない名前というものはあるものです。もしあなたが、生きていくのにどうしても足りないものがあるとお気づきなら、聖書を読むといいです。あなたのお手紙の問いかけに対する返事は『否』です。お元気でいて下さいね」

彼女はクリスチャンになっていた。手紙には、彼女がクリスチャンとしての歩みを始めた時のことと、洗礼のことが祈りと共に書かれていた。彼女はキリスト教に出会い、聖書に導かれて神と共にいた。私とは全く異なる人生を歩んでいた。

還

Return

瀕死のライオン

この頃の私は、自分の人生を振り返っていた。禅の老師が私に「まだわからんのか」と叱った。私は必死になって老師に師事した。その老師が亡くなった。私は生死の問題と最後の闘いをするため、台風の中を山に登りテントを張って座禅した。強風でテントは吹き飛ばされ、岩が音を立ててころがってきた。私は死ぬかもしれないと思った。それでも「その時はそれまでのことよ」と覚悟した。私には強靱な精神力があった。

カルカッタからダッカに飛んだ時、飛行機がオンボロだった。ダッカ航空の所有する二機の中の一機であった。地上スレスレを飛んだ飛行機がダッカ空港に到着した時、乗客全員が拍手をした。生命が無事であったことを喜んだのだ。あの時も私は「墜ちたら、それまでのことよ」と腹をくくった。

私は「今の私にしかできないことをする」ことを自分に課して生きてきた。その結果、私はここまでたどり着くことができた。私は砲弾の嵐の中を潜り抜けたのに、生き残った。

一万人に一人の人間になったと思った。東証に上場を果たした時に、私は十万人に一人の人間になったと思った。強運に感謝した。いくら努力をしても、運のない人は途中でいなくなった。生き残ることのできた人は、強運の人だけであった。

スイスの古都ルツェルンの旧市街のはずれに、山に彫られたライオンの像があった。そのライオンは苦しげに最期を迎えようとしていた。ライオンの脇腹には矢がつき刺さっていた。私は瀕死のライオン像に驚いた。

スイスの農村は貧しく質実剛健な男たちが多かった。そのため、スイスの男たちは庸兵としてヨーロッパ王朝の警護に当たり外貨を獲得した。フランス王室のベルサイユ宮殿を守ったのも、スイス人庸兵であった。一七八九年フランス革命が起こった時、パリの民衆は宮殿を襲った。その時、勇敢に戦った末に、七百八十六名のスイス人庸兵が全滅した。その悲惨な出来事を、この瀕死のライオン像は物語っていた。ライオンは傷つき、息も絶え絶えに最期を迎えようとしていた。

私は、この時に見たライオンの姿が頭にこびりつき離れなかった。青梅マラソンで凍りつく寒さに足がつった私は、軍畑の道路で倒れた。あの時、私は瀕死のライオンの姿を思い出していた。百キロや二百キロを軽々と走るウルトラランナーだった私は、無理に無理を重ねた末に、体をボロボロにした。あの日、寒さで体が凍えて、私の足が動かなくなった。空からはみぞれが矢のように体に降り注いだ。ライオンの体に次々とみぞれの矢が突き刺さり痛かった。軍畑で倒れた私は、自分が瀕死のライオンになったと思った。

三月にY子さんに手紙を書いた時、私は文字が下手になったことに気付いた。平仮名のカーブがうまく曲がらなかったのだ。おかしいな、と思い何度も書いたが、いくら書いても「の」の字を湾曲して書くことができなかった。私はいつから字を書くのが下手になったのだろうか、と不思議に思った。これは前兆であった。

その日がやってきた。'03年四月一二日、私は大阪の「なんば校」で講演をするために新幹線で移動した。その日、私は喉が渇いていたが、お茶を買うことができなかったために我慢した。

久し振りの難波であった。私は一杯の荷物を持って街を歩いた。講演会は午後二時の開演であった。私は午後〇時五〇分に「なんば校」に到着した。以前と比べて面積を増やし広くなった校舎を一回りすると、私は責任者と打ち合わせをした。

事件はそこで起こった。打ち合わせを終えて椅子から立ち上がろうとした私の体が、そのまま崩れ落ちた。ガラガラッという音と共に、私は立ち上がれずに床に伏した。驚いた周囲の人々が手を差し出して私の体を引き上げようとした。私は「ありがとう」と言った。上に引き上げられて皆の手が離れた瞬間、私はまたも崩れ落ちた。足に何らかの異常が起こったらしい。足に力が入らないために、体重を支えることができなくなっていた。

どうして足に力が入らないのだろうか？　私は、かつてウルトラ・マラソンを走って疲労困憊した時、足が麻痺して動かなくなったことを思い出した。その時に症状が似ていた。だが、今はウルトラ・マラソンの最中ではなかった。私は足が麻痺して立てなくなった理由に、見当がつかなかった。

ようやく私は皆に支えられながら立ち上がった。この時の私は、まだ右手の麻痺に気付いていなかった。足にばかり気を取られていたために、右手の麻痺に気付くのが遅れた。私はまっすぐに歩こうとするのだが、体がふらついて人や壁にぶつかった。自分の体なのに、操縦不能であった。私はあちこちに体をぶつけながらも前に進もうとした。

最後の授業

私は大阪・なんば校の受付前で、並んでいた机や椅子にぶつかりながら前に進もうとした。私は、どうして体がこんなにぶつかるのか理解できなかった。歩くうちに、左足だけが動き、右足は麻痺して動かないことを知った。

心配そうに見守る人々を置き去りにして、私は講演の会場となる教室へと向かった。私は、廊下をまっすぐに歩くことができなかった。左足しか動かなかったため、右足を引きずりながら斜め前方へと進んだ。私の体は酔っ払いのようにふらつき蛇行した。廊下ですれちがう受講生は、異様な歩き方をする私を避けて、廊下の端に寄った。

会場となる教室の途中にトイレがあった。私は小用を足すために、右手を使おうとした。私は、この時初めて右手の指が動かなくなったことを知った。これには驚いた。私はレースの後遺症で右足に麻痺が起こったとばかり思い込んでいた。それが右足だけではなく右手も麻痺して自由に動かすことができなかったのだ。一体、私の体に何が起こったのだろうか。私はやむなく左手だけで小用を済ませた。

会場の教室は目の前にあるのに、たどり着くのに莫大な時間がかかった。右足を引きずりながら教室の一番後ろに私の座る場所を確保した。私の体には、何らかの異変が起きていた。それはわかった。だが、私にはその異変が何なのかがわからなかった。

席に座った私は、左手で鞄からノートとペンを取り出すと、右手でペンを握ろうとした。この時、ペンが指先からころげ落ちた。何度右手にペンを握らせようとしても、右手の神経は全く反応せずにピクリとも動こうとしなかった。

私は、ようやく自分の体に起こった異変の正体に気がついた。私の右足と右手が同時に麻痺して動かなかった。一方で、左足と左手は自由に動いた。私の右半身が不随であった。この時、私は自分が脳梗塞になったことを自覚した。私の左脳に梗塞が起こったために、右半身が動かなくなったのだ。

時刻は午後一時一〇分であった。この時、私はどうするのかを瞬間的に考えた。脳梗塞は発症後三時間が勝負であった。「tPA」の治療薬を使うと、血栓を溶かして小さくし血流を元の状態に戻すことができる。脳血管疾患の専門医のいる病院に到着しても、tPAを投与するまでに一時間はかかる。そのため、実質は二時間が勝負であった。それ以上の時間が経過すると、脳の血管壁がもろくなるために脳出血を起こす可能性が高くなり、ｔＰＡは使えなくなる。

私は発症を知った時、救急車を呼んでもらうのが正しい選択肢だと思った。だが、同時に私は救急車で運ばれることのリスクを考えた。私は大阪の病院に関する知識が皆無だった。評判が全くわからなかった。救急車がどの病院に私を運んでくれるのかは、運命になった。病院のレベルにはバラツキがあり、脳神経科のある病院は限られていた。さらに、大阪の病院に入院した場合には、会社と家族に大きな負担をかけることになると思った。

もう一つ、私には価値観があった。私は講師時代に、どんなに熱が高くて具合の悪い時でも、休まずに講義を断行した。自分の理由では休まないことを誇りにしてきた。あの日は、私の講演を楽しみに多くの受講生が申し込んでくれた。私の価値の中心に「受講生のために」があった。私の脳裏に、ガンと凄絶な戦いをして死んだＳＡ氏のことが思い起こされた。私が彼を自宅に見舞った時、彼は寝床に横たわり意識朦朧としながらもマイクを握る手の動きをして声を出して講義をしていた。この時の彼の姿が私の頭から離れることはなかった。

どうするのかを決めなければならなかった。教室には、徐々に受講生が集まってきた。

あの時講演会の会場にいたことが、私の意思決定に大きな影響を与えた。私は、目の前にいる受講生のために生きようと思った。私の体はどうなってもいい。これが運命なら、それを受け入れよう。私は、講演を聞きにきてくれる人々のために、この場に残ろうと思った。

私が脳梗塞になったことに気付いたのは、発症後十分であった。まだ軽症で済む時間であった。講演の最中に、梗塞がさらに進行する可能性があった。私は「その時はそれまでのことよ」と思った。私は今日、私の講演を楽しみに集まってくれる人のために全力で講演をしよう。それが私の使命だと思った。一方では、泣き叫びたくなるくらいに、自分の生命をいとおしく思った。

私は、青春の思い出が光の矢のように私を酔わせてくれたのが、このためであったことを知った。私は自分の生命が終わりになるかもしれない選択をした。それが運命ならそれを引き受けようと思った。

ミミズのサイン

まだ講演は始まっていなかった。あの時、私の心の中では葛藤があった。「この講演よりも、生命のほうが重いのではないか。どうして、死に急ごうとするのか。五十二歳で死んではいけない」と、もう一人の私が泣き叫んだ。時間は刻々と過ぎ去っていった。私は、まだどちらを選ぶこともできた。それでも、選択肢を変えようとはしなかった。

会場となる教室は、次第に受講生で埋まった。そして午後一時五五分に満席となった。やがて、司会者が登壇し私の紹介をした。私はようやく立ち上がったが、体が机にぶつかるため、前進するのに苦労した。そんな私の姿に教室内でざわめきが起こった。私はようやく登壇はしたものの、マイクの場所まで進むのが大変だった。スローモーションの映画のように左足だけでゆっくりと動いた。会場から驚きの声が上がった。

私は司会者に壇上に椅子を置いてくれるように頼んだ。通常なら、立ったまま講演をした。だが、あの時の私は両足で立つことができなかった。右足に力が入らないため、崩れ落ちるのだ。

講演の冒頭で、私は現在の体調を説明した。「先刻、右半身が麻痺してしまい、立つことも、チョークを握ることもできなくなりました。すいませんが椅子に座ったままで話をさせてください」

私はこれが「最終講義」になることを覚悟した。私は自分の生命と引き換えに授業をした。私の生命の残り火が消え入りそうであった。私は、せめてこの講演が終わるまで、私の生命の火が消えずにいてくれることを神に祈った。

一時間半の講演が終わった。大きな拍手が起こった。私は講演を無事に終わらせてくれた神に感謝した。私は一刻も早く東京に戻りたかった。だが、私が大阪に来るのを待ちわびていた受講生が、個別の悩み相談を希望していた。

私の体は、死に向かって近付いていた。それでも、目の前に並んで私に救いを求める受講生の悩みを受けとめようと思った。私は一人また一人と受講生の悩みを聞きながら「こう考えたらいいです」「こうしたほうがいいです」と丁寧にアドバイスをした。

事務局の社員は、私の体を気遣い早く切り上げるようにと合図をくれた。私は、その合図を無視して一人ひとりの問いに生命を削って答えた。私の生命と引き換えの悩み相談であった。

悩み相談が終わると、サインを求める受講生にサインをした。だが、これには困った。私の右手の指は既に動かなくなっていた。やむなく、右手にペンを握らせると左手で押さえてサインをした。漢字は難し過ぎて書けなかった。そのため平仮名でサインをした。何人もの人が瀕死のライオンとなった私にサインを求めた。私は死の淵でもがいていた。とても文字とは言えないミミズのような線であった。サインをしながら、私は最後の生命の火が消えようとするのを感じた。

サインを終えた瞬間、私は社員に両脇を抱えられると外で待機していたタクシーに乗った。新大阪駅まで行くと、午後五時四〇分発の新幹線に乗った。社員の一人は東京まで一緒に行くことを主張したが、私は彼の申し出を断った。自分の始末は、自分でつけるしかないと思ったからだ。

新大阪駅を新幹線が発車した。発症して既に四時間半が経過していた。東京駅まで脳梗塞が進行しないことを祈った。東京に着くのは八時を過ぎる。その間の無事を神に祈った。私は何をしないといけないのかを考えた。まだ虎ノ門病院に連絡していないことに気が付いた。大事なことを忘れていた。私は携帯電話を鞄から取り出すと、病院に連絡しようとした。一つひとつの動作に莫大な時間がかかった。左手一本で電話番号を押すことは大変なことであった。

　土曜日の夕方だったが病院へは電話がつながった。女性の声が聞こえた。私は自分の名前と番号を言った。だが「よく聞きとれません。もっと大きな声でお話しください」と言われた。自分では大きな声で話しているつもりなのに「もっと大きな声」を要求された。私は泣きたくなった。どうしたらいいのだろうか。何としても虎ノ門病院と連絡を取る必要があった。

　ふと見ると、車両前方に電話ボックスの標示があった。そうだ、公衆電話なら、もっと声が通じるはずだと思った。私は公衆電話で虎ノ門病院に電話をかけようと思った。

　席を立とうとしたが、体が崩れ落ちた。座席の端まで体を移動させても、そこから先には動けなかった。新幹線「のぞみ」の車両は、いつも揺れていた。振動する車内を、左足だけでバランスをとりながら体を移動させるのは至難の技であった。私は新幹線の通路で椅子にしがみついたまま、絶望の淵にいた。五メートル先にある電話ボックスまで移動するのは、神の業《わざ》に等しいように思えた。

独りぼっちの新幹線

私は何としても執念で電話ボックスまでたどり着こうとした。「こんなところで負けるわけにはいかない」私は新幹線の揺れのリズムを利用しながら前進することを考えた。揺れに合わせて全体重をかけて斜め前にある背もたれまでよろめいて進み、左手でしがみついた。それを繰り返した。私は半身不随になった体と悪戦苦闘した。

格闘は長時間に及んだ。ようやく電話ボックスまでたどり着いた私は、左手で番号を押した。今度は、私の声が通じた。心の底から、嬉しさがこみ上げてきた。よかった。私は登録番号と名前を告げると、症状を説明した。電話の向こうで看護師が尋ねた。「こちらに到着するのは何時頃になりますか？」「今は新幹線の中です。到着が八時過ぎですから、八時半に病院に着きます」「新幹線では、どなたかと一緒ですか？」「私一人です」「お一人なのですか？それでは東京駅に救急車を待機させましょうか？」「いいえ、タクシーで病院に行きますから救急車は不要です」「わかりました。では、車掌に頼んで東京駅で車椅子の手配をあらかじめ準備してもらってください」

看護師の指示は、実に的確であった。

私は次に家に電話をかけた。「一回しか言わないから、よく聞いてね」私は妻に要点を話した。妻は一回で事態を飲み込んだ。この時、私は翌一三日(日)に新宿で予定していた講演会の心配をした。中止にするなら、早く連絡をとらなければならなかった。私は無理をしてでも明日の講演をやりたかった。私なら、それができると思った。それでも、虎ノ門病院に入院すれば医師の言うことが絶対になる。多分、医師は許してはくれないだろうと思った。

席に戻った私は、車外の風景に目をやった。すっかり外は暗くなっていた。やがて、列車は熱海を通過した。私は窓の外の風景を見ながら、私を取り囲む闇の深さに気付いた。

車掌は、時々私の具合を心配そうに覗き込んだ。私が東京駅での車椅子の手配を頼んだからだ。「大丈夫ですか。もうじき東京です。荷物は手前に置いておいてください。私が持ちますから」親切な車掌であった。

新幹線は東京駅に予定どおりに到着した。列車が停止すると、車椅子が車両の中まで入ってきて、私の隣で止まった。人々の視線が私に注がれた。社員のH氏が私を車椅子に乗せてくれた。大阪から連絡が入り駆けつけてくれたらしい。駅ではバン型のタクシーが待機していた。私を車椅子のまま乗せると虎ノ門病院を目指した。

私は車椅子に乗せられた時、明日の講演が無理になったことを知った。私はH氏に「明日は中止にしますから、申し込んだ受講生に電話をかけて謝ってください」と頼んだ。もはや受講生との約束を守ることができない地点にまで、私の体は落下していた。私は瀕死のライオンそのものであった。

病院には救急入口があった。私は車椅子のまま病院の中に運ばれた。そこには、妻と三人の子供たちが待っていた。皆が心配そうな顔で私を見た。私は、そのままCT検査を受けた。次にベッドに寝かせられた。若い医師が、私に症状を尋ねた。私は概要と右半身が不随になったことを告げた。

医師は私の右足を持ち上げると「ここでこらえてください」と言った。医師が手を離すと同時に、私の右足は落下した。ダンと音がした。私は全くこらえることができなかった。何度やっても、右足は一秒たりともこらえることができずに落下した。

次に、医師は私の右手を持ち上げた。「それでは、こらえてください」医師が手を離すと同時に、私の右手も落下した。ドンと音がした。右手も全くこらえることができずに落下を繰り返した。

さらに、医師は握力計を持ってきた。「それでは、握ってください」私が力を入れようとしても、右手に力は全く入らなかった。それでも医師は握力計を見つめていた。私がまだ握っていないと思っているらしかった。「いいですよ。はい、握ってください」私は仕方なく「さっきから握っています」と答えた。医師が困ったような表情をした。握力もゼロであった。

CTの画像ができあがった。医師の顔が曇り険しい表情を浮かべた。点滴が運ばれてきた。私が点滴を受けている隣に家族がいた。妻が医師に尋ねた。医師は気を利かしてカーテンを引いた。光は遮られたが、話は聞こえた。

「夫は助かるのでしょうか?」「わかりません。今点滴をしていますが、これから起こる血栓の確率を三〇%減らす薬です。三〇%は減らせても、七〇%の確率で、さらに血栓が起こる可能性があります」「それでは今日で終わりになるのですか?」「今晩がヤマになります。今晩さらに血栓が起こる確率が一番高いのです」

生命の連鎖

私は脳梗塞になったことに気付いた時、たった一人であった。誰にも相談せずに一人で自分の人生の大事を考えた。五十二歳の私が脳梗塞になったことに驚いた。「なぜ私が」と最初に思った。あの時、運命はまだ私の手に握られていた。自分がどう判断するか次第で、私の運命の方向は動かせた。

私は自分と向き合った。そして、どうしたらよいのかを問うた。私は「いま」という時間と、「ここ」という空間に、自分が全力で生きることを考えた。私は「人のために」が価値の中心にあった。あの時、私は自分の生命がなくなるかもしれない選択をした。私の生命はどうなってもよい。それよりも私の講演を聴きにきてくれる人のために全力を尽くしたいと願った。

命懸けの最後の講演が始まった。私は脳梗塞がさらに進行してここで死んでしまうかもしれないリスクを負った。死ぬのなら、それも運命として受け入れようと思った。消え入りそうな生命の灯をかろうじて守りながら、私は講演をやり遂げた。かすかに残された灯を、悩み相談に来た人たちと分け合った。そして、最後の残り灯をサインを求める人たちに分けた。灯が消え入ろうとする寸前に、私は両脇を抱えられて新幹線に乗った。

私は孤独の中で、半身不随になった体と格闘した。右半身は、もはや動かなかった。私は、歩くことも、這うこともできなかった。病院に電話をかけることすら難しかった。何もできなくなった体を抱えて、私は地獄に来たことを知った。窓の外には闇が迫っていた。闇が私を飲み込もうとしていた。

私が闇の存在に気付いたのは、講演をしている最中であった。会場の後方に真っ黒な空間があった。闇であった。闇は死の世界に通じていた。不気味な黒い空間は、私がちらりと見る度に、存在を広げた。闇はまるで生き物のように周囲の空間を飲み込んでは大きくなった。

熱海の駅を通過した時、私は外の風景に異質な空間を発見した。目を凝らすと、闇であった。闇がもの凄いスピードで風景を次々に飲み込んでいた。はっと気付くと、闇は新幹線の中にも入り込んでいた。私は、自分が生きたまま東京に着けることを祈った。闇は私を探していた。私は闇に捕まらないようにと祈った。

東京駅で車椅子に乗せられた私は、人々の好奇の目にさらされた。東京駅のタクシー乗場は、闇の中にたたずんでいた。そこで待たせていたタクシーに乗った。虎ノ門病院の診察室は闇に取り囲まれ、病院全体がゆっくりと闇に飲み込まれていた。

私は妻と医師との会話を聞いた。妻が尋ねた。「右半身が不随になっていますが、車椅子の生活になるのでしょうか？」「ＭＲＩ（磁気共鳴画像装置）を撮ってからでないと正確にはわかりませんが、ＣＴスキャンで見る限りでは大きな影があるため、車椅子の生活になる確率が高いです」「今晩がヤマなのですか？」「そうですね。今晩追加の血栓が起こらなければ、このままいく確率は高くなります。追加の血栓の起こる確率は、今晩が一番高いです」

私は、今夜がヤマであることを知った。私は死ぬのがこんなに簡単なことだとは思ってもいなかった。明朝になって私の目が開かなければ、それで全てがおしまいなのだ。人は、こんなに簡単に死んでしまうのかと不思議でならなかった。絶叫しながら死んでいくほうが、よほど人間らしいと思った。

やがてカーテンが開けられた。私の周りを三人の子供と妻が取り囲んだ。別れの握手をする間もなく、私は病室へと運ばれた。妻が私に言った。「末娘がせめて大学生になるまで生きていてくれるとよかったのに」だが、中学三年の末娘が大学生になるには、あと四年もかかった。「四年は無理だよ」私は小声で囁いた。

病室はすでに暗黒の闇に包まれていた。いつの間にか、死の闇が私の周りにまで押し寄せ、空間を広げていた。私は、闇が私の生命を飲み込もうとしているのがわかった。

子供たちがベッドの周りを取り囲んでくれた。私は一人一人に別れの言葉を言いたかった。だが、三人の顔を見ただけで言葉にならなかった。私は子供たちが周りにいることが無性に嬉しかった。

死にゆく人の周りを家族が取り囲み見送る意味が、やっとわかった。私は子供たちの顔を見た時、私の生命のバトンを確かに渡したことを合点した。自分に渡された生命のバトンを子供たちにつないだことを死ぬ瞬間に確認できて「私は安心してあの世に行ける」と本当に思った。

子供を産むか産まないかは個人の自由だとする考えがある。私はこれは間違いだと思った。子供たちの顔を見た時「私の人生は、これでよかった」と思った。同時に、人がDNAをこの世に残すことが人間としての本能であることを悟った。遠い祖先からバトンタッチされてきた尊い生命のバトンを、私も渡すことができた。死ぬ時に「しまった」と思うことがないように、生命のリレーを絶やさずにバトンを渡すことが、人としての務め（本性）なのだと思った。

闇からの脱出

家族が帰ると、待ちかねたように死の闇が私の隣にやってきた。不思議なことに、もう一人の透明な私が空中からベッド上の私を見つめていた。空中の私は、自由に空間を浮遊することができた。やがて建物の境界線が消えた。

気が付くとベッドは海の上に浮かんでいた。私はベッドから勝手に脱け出すと、海の中に入った。ひっそりした虚無の世界が、そこにはあった。どこまで泳いでも、生きているものの匂いや音は無かった。ここは死者の世界であった。海と言っても、音の無い静謐な深海であった。廃墟と化した瓦礫が姿を現した。人が一人もいないゴーストタウンであった。そこを通り過ぎると、深海はさらに奥深く広がっていた。

私は、どこが深海の底なのかを探りたくなった。もの凄いスピードで海底を目指して潜ったが、どこまで潜っても底は見えなかった。虚無の海の中を、私は風のように泳ぐことができた。もう何千、いや何万メートルも潜っていた。私は闇の世界の底を見ることを諦め、病院のベッドにまで戻ろうと思った。深海から上方を眺めると、微かに一点から光が漏れていた。私はその一点を目指して、急上昇した。やがて私の目の前に、ベッドの４本の脚が姿を現した。真下から見上げると、ベッドは闇の世界の淵に浮かんでいた。

闇は、死者の世界であり、音も光も無い深海のような静寂な虚無であった。その暗黒は、宇宙の果てまでも続いているかのようであった。私はまだ生きてはいるが、右半身が闇の世界に入っていた。私のすぐ隣に死者の世界があった。こんなに傍に死があることに驚いた。

生命のある世界には、光が射していた。生命のひと滴《しずく》の輝きは、はかなく甘美なものであった。私の右半身は闇の世界に入り、左半身は生命（光）の世界にいた。生命の世界から闇の世界には、簡単に渡ることができた。

私は今日死んでもいいように、死者の世界に旅立つ準備を始めようと思った。その時になって、あの世には何も持ってはいけないことに気が付いた。この世で皆が崇《あが》めるお金には、何の価値もなかった。お金だけではなく、土地も財産も、地位も名誉も、あの世では何の役にも立たなかった。

この時になって、私の頭がフル回転を始めた。私の人生の総決算が始まった。しかし、まだ五十二歳の私は、総括をするには早過ぎた。次々に私の人生のデータが集計されて出てきたが、そのどれもが中途半端であった。仕事にも、子供にも、女性にも、やり残しがあった。私の部屋の片付けすら済んではいなかった。会社は東証二部に上場はしたものの、念願の東証一部に上場する途上にあった。女性にも、やり残しがあった。「こんなにやり残しがあるのに、今死ぬのは早過ぎる」私は、この期に及んで、自分の生命をいとおしく思った。私の生命のひと滴《しずく》は、はかなく甘美なものであった。私は、ようやく今死んではいけないことに気が付いた。私は、家族と仕事と女性がいとおしかった。この三つが、生きる上でとても大切な存在であることを知った。私は生きて、やり残したことを一つずつ片付けたかった。

生命の甘美さに気付いた私は、闇を脱け出そうと決心した。このまま死んではいけないと強く思った。その時、闇の底から声が聞こえた。それは、闇の女神の声であった。

「一度私の姿を見た者は、生の世界に戻ることは許されません」

私は闇の女神に応えて言った。

「私は命が甘美なことを知った。私の人生には、やり残しが多いことも知った。どうか頼むから、光ある地上に戻らせておくれ」

闇「できません。もはや、あなたは闇の世界の奥深くにまで侵入して、生きた人間が見てはいけない奥まで見てしまっています」
私「見たといっても、闇が無限に続く世界であることを見ただけです。私はまだ死ねない。せめて、やり残しを片付ける間だけでも、生きなければならないのです。そうしなければ、悔いが残ります」
闇「あなたが闇の奥にまで行けたのは、生きることへの執着が無くなったからです。今のような強い心を持っていたのなら、奥まで行かせたりはしなかった。だが、あなたが生きたいと願っても、既に右半身は闇の中に入ってしまい、動かすことはできない。悲惨な姿を人の目にさらすだけです。それでも、戻りたいのですか？」
私「私の体はどんなに悲惨になっても構わない。生命さえ生かしてくれるのなら、私は必ず復活してみせる」
闇「あなたがそこまで強く生きることを望むのなら、残された自分の力だけで、行ける所まで行くがよい。だが、闇から脱出して生命の世界に戻るためには、荒野を渡らなければならない。荒野の道は険しくて遠い。果たして闇に潰れかかった体で脱出できるのか。荒野を渡り切らなければ、あなたは再び闇の世界に戻るだけだ」

私は闇からの脱出を謀った。最初に闇に沈んだ右手を引き上げようとした。思い切り引っ張ると、すぽっと抜けた。次に、右足を闇から引き抜こうとした。これには時間がかかった。ようやく引き抜いた時、右足は既に腐蝕が始まっていた。私は腐り始めた右足を引きずりながら、彼方にある光を目指して、ゆっくりと荒野を前進した。右足が腐っていたため、前に進むのは大変なことであった。

生命（光）の世界に戻るためには、何としても荒野を渡らねばならなかった。しかし、荒野は険しく、半身不随の体でどこまで行けるのかは、わからなかった。私は喉が渇き切っていた。水が飲みたかった。私は「喉が渇いた。水が飲みたい」と呟きながら、荒野をさ迷った。荒野は、果てしなく続くかのようであった。喉が渇き、水が飲みたくて堪らなかった。私は、そればかり呟いていた。どこまで行っても、荒野の果ては見えてこなかった。記憶はそこで途切れた。

著名な免疫学者であった多田富雄氏は、'01年に脳梗塞で倒れた。右半身の自由を失い、さらには末期ガンの転移で苦しみながら、多田氏はパソコンで一文字一文字、振り絞るようにして原稿を書いた。'07年に刊行された『寡黙なる巨人』の中で、氏は倒れた時のことを次のように記している。

「私は死の国を彷徨していた。どういうわけかそこが死の国であることはわかっていた。不思議に恐怖は感じなかった。ただ恐ろしく静かで、沈黙があたりを支配していた。私は、淋しさに耐え切れぬ思いでいっぱいだった。

海か湖か知らないが、黒い波が寄せていた。私はその水に浮かんでいたのだ。ところが水のように見えたのはねとねとしたタールのようなもので、浮かんでいた私はその生暖かい感触に耐えていた。…下は見渡す限りのスラムだった。荒れ果てて人が住んでいる形跡はない。それがさっきのタールのような海に続いていた。」

多田氏が記した「死の国」と、私が体験した「死者の世界」とは、類似性が高かった。残念なことに、多田氏は'10年4月に亡くなった。

生還

チチチッと鳥の囀《さえず》る声が騒がしく聞こえた。白いカーテン越しに、光があった。朝であった。日の光が眩しかった。目を開けると、窓越しに太陽の光が射し込んできた。私は何度か「まばたき」をした。ちゃんと瞼が動いた。私は、生命の世界にいた。光のある世界に生きている幸せを噛みしめた。あの時、荒野から脱出できたことが不思議でならなかった。一体、私はあれからどうしたのだろうか。

私は遠くに見えるかすかな光を目指して闇の世界を脱出した。右半身は死に絶え悲惨な体になった。それでも生きて戻れた。私は命のあることが、心の底から嬉しかった。生命があるだけで奇跡的に強運なことであった。「生きている。こんなに素晴らしいことはない」私は生かしてくれた闇の女神に感謝した。

私は手足を動かそうとした。左手は動いた。ところが、右手の指はぴくりとも動かなかった。足も、左足は動いたが右足は全く動かなかった。昨夜のことは、夢ではなく本当に起こったことであった。動かなくなった右半身を抱えて、これから私は一体どうしたらよいのだろうかと茫然とした。

ギリシア神話にイカロスの話がある。太陽を目指して飛んだイカロスは、太陽の熱で翼を焼かれて墜落し、海に落ちて死んだ。私は自分を不死身であると過信し、休むことなく体を酷使して地上に墜落した。気が付くと、私の右半身は不随になっていた。

私の自慢だった強靭な肉体は、もはや使いものにならなくなっていた。私は体を動かすことすらままならなかった。病室でベッドに横になった私は、点滴が落ちるのを黙って見つめた。点滴は、一滴ぽとんと落ちては、また一滴ぽとんと落ちた。

窓は、すぐそこにあった。立ち上がれば、窓から外を眺めることができた。だが、私は立ち上がることができなかった。ましてや、歩くことなど不可能であった。私は立ち上がって窓のカーテンを開けることすらできない体になっていた。

看護師がきて、病院のルールを説明してくれた。まず、車椅子の乗り方を教えてくれた。ベッドから車椅子に移るには、看護師の補助が必要だった。上半身を車椅子に移動させた後、下半身を移動させた。感覚の無くなった右足は重かった。左手だけで右足を持ち上げた。自分の足がこんなに重いとは知らなかった。車椅子に乗ることは、信じられない位に大変なことであった。

トイレに行く時は、看護師に付き添われ、ガラガラと点滴バーと共に車椅子で移動した。私は歩けないことが、これほどまでに辛いことだとは思っていなかった。自分の行きたい場所に自由に行けないもどかしさと不自由さを味わった。

食事は、左手にスプーンを持って食べた。トレーが動くので右手を重りにして、動かないように固定した。だが、トレーが動き食べ物が落下した。大きな音がして、床に散乱した。

私は病院の廊下を歩いている人を見ると、羨ましかった。これまでの私は、歩くのが当たり前だった。いくらでも歩いて好きな場所に行けた。それが一変した。歩くということが、これほど大変なことだとは思ってもみなかった。歩けない人にとり、歩くことは「神の業《わざ》」にも等しいことであった。自由に字を書いたり、食事をしたりすることも、できない私にとり神の業に等しかった。

四月一四日に医師の診察があり、発症当日のことを尋ねられた。当日、私は新幹線で移動した。その時から喉が渇いていた。難波の街を歩き回った時も、喉が渇いていた。見回したところ、自販機がなかったため、そのままに放っておいた。医師は「水分が不足すると血液がドロドロになり血栓が起こりやすくなります。いつもペットボトルを持ち歩いて、喉が渇いたという合図がある前に、水分を補給することが大事です」と指摘した。

さらに、医師は、発症後の私の行動を仔細に尋ねた。「講演する前に右半身不随に気付いたのに、どうして講演後まで放っておいたのですか？」私は、わざわざ講演を聴きに集まってくれる受講生のことを第一に考えました、と私の信念を話した。だが、医師は「脳梗塞は、発症したらただちに病院に行くのが鉄則です。どんなに大事な仕事があったとしても、生命のほうが優先します」と正論で私の主張を退けた。

また、私が悩み相談を受けて帰る時間を遅らせたことについても私を尋問した。私は「悩み相談は、私に助けを求める受講生に生きるヒントを与える機会で重要なのです」と主張した。医師は首を横に振った。「彼らの悩みに応えるよりも、あなたの命のほうが優先するのではないですか？」悔しいが、そのとおりであった。私はやむなく「そういう考えも確かにあります」と言った。

医師はサインについても触れた。「右手が不自由なのに一体どうやってサインをしたのですか？」私は動かなくなった右手にペンを握らせ、左手で懸命に押さえてようやくミミズのような字を書いた。あんなに辛くて苦しいことはなかった。「握力ゼロの状態では、サインなどできないのですから、やらなければよかったのです」と医師が言った。

医師は、私が一人で新幹線に乗ったことを問題にした。「どうして誰かについてきてもらわなかったのですか？　車内でさらに血栓が起こり、全身が動かなくなる可能性があったのですよ」あの時、私は自分の人生の始末を自分でつけるために、同乗を主張する社員の申し出を拒否した。だが、この私の認識は甘すぎた。医師が心配した通り、新幹線内で追加の血栓が起こり、死に至るリスクがあった。たった一人の新幹線で、私は死の恐怖と共にいた。「私は運が強いと信じていました」私の根底にあったのは、楽観的な運命観であった。

医師は質問を終えると、総括に入った。「斎藤さんは、そんなに無茶な行動ばかりしたのに、よくぞ生きていますね。心臓からの血液の流れは、体を横にして安静にしないと、更に血栓を起こす確率を高めるのです。斎藤さんは、午後一時に大阪で発症してから八時半に虎ノ門病院にたどり着くまで、講演をしたり新幹線に乗るなど動いてばかりいました。絶対にやってはならないことをしたのです。それでも、こうして生きているということは、よっぽど運がよかったとしか言いようがありません。普通の人なら、右半身が不随になった時点で、そこに倒れ込んでしまい、動けなくなります。動けないはずなのに、これだけ動き回って、たった一人で東京に戻ってきたということは、信じられない奇跡のようなことです。私は長いこと医師として、多くの患者を診てきましたが、斎藤さんのように無茶ばかりする患者に会ったのは、今日が初めてです」医師は、私の当日の無茶な行動に呆れ果てた挙句、余りの無茶さ加減に感動すらしていた。

医師は私の病状の説明をするため、私のノートに脳の断面図を描いた。私の左脳の中心に近い部分に一・五センチの大きな血栓を書いた。「この血栓が、ちょうど運動を司る神経の束にぶつかっています。そのため、長期間のリハビリが必要になります。リハビリは一刻も早く始めるのがよいのです。スタート時の治りの角度次第でどこまで回復するかが決まります。当初の角度が急であればあるほどよいのです。スタート時の角度が低いと、途中で治りが止まった時に普通のレベルにはほど遠くなります。逆に、急角度で治せば、途中で止まっても、普通レベルに近付けます」私はリハビリでは最初の角度が重要なことを知った。

午後は面会の時間であった。会社の総務部長に代表印と金庫の鍵を渡した。「社長が脳梗塞で倒れたことは、会社内部にも外部にも一切秘密にしてありますから御安心ください」私は「脳梗塞で入院することは、そんなに悪いことなのですか？」と尋ねた。彼は「はい」

と断言した。まだ、長嶋監督が脳梗塞で倒れる以前だった。脳梗塞に対する世間の評価はマイナスの塊であった。「それに株価への影響もありますから、役員以外には知らせてありません」私は病名をマル秘にしなければならないことだとは知らなかった。彼は悪い噂が立つことを恐れていた。

私は予定の全てをキャンセルした。いざキャンセルしてみると、自分がいなくても地球がちゃんと回ることを知った。私の日常生活を拘束していた約束や予定は、その程度のものだったのかと思った。

脳出血の跡

点滴がまた一滴、落ちた。私はベッドに横たわりながら、点滴の落ちるのを見つめていた。時間がゆっくりと流れた。

一四日に、MRI検査を受けた。機械は音が騒がしかった。検査の最中、私は宮本武蔵の「我、事において後悔せず」の意味を考えていた。どうして武蔵は後悔しなかったのかが、私にはわからなかった。私は、生と死の分岐点で「私には一杯のやり残しがあった」ことに気づいた。武蔵の言う「我、事において後悔せず」の心境には、ほど遠かった。あの日、妻に末娘がまだ中学生なので、せめて大学生になるまでは生きていてくれないと困ると言われた。娘が大学に入学するまで、あと四年あった。だが考えてみると、あと四年だけ生きれば死んでもいいと言われたことに気が付いた。そこまで考えた時にわかった。武蔵は独身で妻も子供もいなかったのだ。そのため、「我、事において後悔せず」で済んだのだ。私は検査を受けながら、そんなことを考えていた。

検査が終了して病室に戻ると、医師が驚いた様子で駆けつけた。

「今、脳の断層画像を見てきました。一年位前に、脳出血した跡がありました。出血は自然に止まったようですが、出血した時に自覚症状はなかったのですか？　それに過去に何度か脳梗塞になった跡がありました。」

私は脳出血と聞いた時に、一年前の済州島のウルトラマラソンを思い出した。強い痛み止めの薬を飲んだ私は、感覚が麻痺して幻覚と幻聴の中をさ迷った。崖から谷底へと転落した私は、体をグシャッと岩に叩きつけられて頭をガツンと強打した。痛みは感じなかったが、意識が遠のき、私はこのまま死んでしまうだろうと思った。生と死の境が溶けてなくなり、体が動かなくなった。あの時、私は脳出血を起こしたことを知った。目覚めた私は、崖を這い登り走り続けたが、逆走したことを知りリタイアした。

私は運よく車でホテルまで運ばれた。ベッドに横たわった私は、気分が悪く吐き気がし、意識が朦朧とした。遠のく意識の中で、生と死の境を行ったり来たりした。体を安静にしたことが幸いして偶然にも脳出血は止まったのだ。私は命を拾ったと思った。

私は医師にその話をした。医師はしばらく茫然と聞いていた。ようやく「どうしてそんな無茶なことをするのですか？」と目を点にして私に尋ねた。医師に何度も「無茶」と言われて、私はこれまで無茶ばかりして生きてきたことに初めて気付いた。だが、私は自分を追いつめ、限界を作らないように生きてきた。医師には、それが無茶に映った。

また、二年前にPETとMRIの検査を受けた時に隠れ脳梗塞を指摘された。その時の担当医が「よくあることです」と言ったために放っておいたと話した。私は高血圧で頭痛が持病であった。医師は「隠れ脳梗塞になったことのある人は危険な体質の持ち主ですから、よほど注意しなければいけないのです。よくあることですで済まされるような話ではありません」と憤まんやるかたない表情で、かつて診断した医師を批判した。そのとおりであった。

平日は午前中に医師の回診があり、右手と右足のしびれがチェックされた。四月一三日(日)と一四日(月)は、右手の握力はゼロだった。だが、三日目の一五日(火)に変化が起こった。朝に目覚めた時、右手の指先がピクリと動いた。親指と人差指の二本であった。私は「やった！」と喜んだ。どん底で、私はほんのかすかな回復でも大喜びした。私は毎朝、目を覚ますと指を動かすのが楽しみになった。やがて中指も、薬指も小指も、ピクリと動くようになった。

私が最初にリハビリ室に車椅子で連れていかれた時、体が不自由な人たちが大勢いることに驚いた。皆が黙々と「作業」をしていた。一番驚いたのは、その作業をする人たちの群れの中に、私が連れていかれたことであった。介護者が私の車椅子を押して、その人たちの中に入っていった。私は彼らの中の一人になった。私は初めて、そういうことだったのかと愕然とした。

リハビリ室のメンバーは、いつも決まっていた。同じメンバーがいつも同じ作業を繰り返していた。果てしなく長い時間が流れていた。皆、同じ場面で失敗を繰り返していた。やることを嫌がり、昔の自分と比較し文句を言う人がいた。「なんで、こんなことをやらないといけないんだ」彼は大声で叫び拒絶した。惨めな自分を認めたくない人だった。

私は、惨めな自分と正面で向き合いリハビリに励んだ。どん底から少しでも這い上がるのを喜んだ。何としても復活してみせると私は誓った。

我が魂を灯とする

私は闇から脱出したが、たどり着いたのは荒涼とした地の果てであった。体が自由にならずに苦しみの多い沼の底であった。私は沼の底に沈んだまま巧ち果ててしまうかもしれない恐怖に襲われた。光が輝く地上の世界は、遙か彼方にあった。釈迦は、私が座禅を始めた時から憧れの人であった。彼は八十歳の時に自分の死が近いことを悟り、人生最後の旅に出た。ヴェーサーリーという町を去ってパンダ村に行くには小高い丘を越えねばならなかった。峠で釈迦はヴェーサーリーの町を振り返り、しみじみと言った。

「アーナンダ（弟子の名前）よ、これがヴェーサーリーの見おさめになるだろう」

釈迦は、ヴェーサーリーの町の楽しさが好きだと言い、さらに囁いた。「この世は美しい。人の命は甘美なものだ」

釈迦は人生を「苦」と言い、この世を「穢土」（穢は「けがれ」）と表現していた。ところが、自分の死を前にした時、釈迦は「この世は美しい」と言った。苦のはずの人生が「甘美なもの」に変わった。

釈迦はその後「下痢」と下血に苦しみながらも説教の旅を続けて没した。彼の死は野垂死に近いものであった。最期に、釈迦は遺言を残した。「自燈明」（自らを灯火として歩みなさい）である。

私は自分の人生を振り返った時、青春の楽しい日々を思い出した。ストイックに生きてきた私なのに、記憶にある命は甘美なものであった。私は闇の世界から脱出し、苦の世界にたどり着いた。虎ノ門病院で私は、右半身不随の惨めな体と共にいた。このまま終わるかもしれない恐怖と格闘した。私は「惨めとは何なのか？」を自分に問うた。人は私を「惨めな人」として見た。世間的には半身不随の私は惨めであった。だが、私は惨めな自分をありのまま見つめようとした。現状をそのまま受け止め、自分の体に起こったことを受け入れようとした。事実を、しっかりと目に焼きつけて生き直す出発点にしようと思った。過去にとらわれず、起きてしまったことは一切後悔しないと決めた。過去は、もはや変えられなかった。それよりも、これから先のことだけを考えて行動しようとした。私は魂を灯にして生きようとした。

私は事実をありのままに認めたうえで、これからどう生きるのかだけを考えた。私は、これからどう生きるかのイメージを描こうとした。「復活」と「不死鳥」という言葉が私の心にピッタリきた。私は「不死鳥の如く復活する」ことを生き直すイメージにした。

医師がノートに描いてくれた図があった。私はその図を頭に焼きつけた。医師はリハビリの回復曲線を描いてくれた。一刻も早く訓練を開始すれば、急角度で回復できると言い右肩上がりの線を書いた。私は絶対にそうすると誓った。運命に切り込まれた時には瞬時に同じ角度で「切り返す」ことが生きるうえでの鉄則であった。私は体験からそれを知っていた。今なら、それができた。そして、今しかできなかった。沼の底から脱出するチャンスは一回しかなかった。今が、その最初で最後のチャンスであった。もはや一刻の猶予も許されなかった。

'03年は経済同友会の代表幹事が交替する四年に一度の年であった。それまで代表幹事を務めていた富士ゼロックス会長の小林陽太郎さんから日本IBM会長の北城恪太郎さんにバトンタッチされることが新聞で報じられていた。

それは運命の偶然としか言いようのない時制の一致であった。経済同友会では、新任の正副代表幹事の記者会見を四月二五日に予定していた。虎ノ門病院に入院して右半身不随になった私は、この件をどう考えたらよいかがわからずにいた。記者会見の予定日は近付くのに、私の体は麻痺したまま動かなかった。この体から発想する普通の考えは、記者会見をキャンセルして副代表幹事になることを辞任することであった。一番妥当な考えであった。

この時、私に普通でない異端の考えが閃いた。四月二五日の記者会見の日までに歩けるように回復しよう、と思ったのだ。もし、その日までに回復しないのなら、副代表幹事になることは辞任しようと思った。

虎ノ門に入院し沼の底にあえいでいた私には、回復するための具体的な目標が必要であった。記者会見の日までに歩けるようになるという目標は、本気になって命懸けの努力をすれば、かろうじて指先が触れる位に難度の高い目標であった。私は、自分の別の運命が運んでくれた偶然の時制の一致を、私に送られた意味ある合図として受け止め、私が復活する目標に位置付けたのであった。

私は医師に四月二五日までに歩けるように回復するか否かを尋ねた。医師は私の問いを完全に無視して一切答えなかった。私は看護師に同じ質問をした。彼女は答えに窮して困った表情をした。私は自分の病状が相当に深刻なことを知った。

私は今度ばかりは這いつくばって、やれる限りの努力をしない限り、復活は無理だと思った。右手の指先はピクリと動かせるようになった。問題は足であった。右足はコンクリートの塊のように固かった。

運命の切り返し

点滴バーの下には滑車がついていた。そのため、右半身不随の私でも左手で点滴バーにつかまれば、体重をかけて前進することができた。車椅子では移動する時に介助が必要であった。私は呼び鈴を押すのも車椅子を押されるのも苦痛であった。それに対して、点滴バーでなら一人で動くことができた。六日目に、私は病院の同じフロア内に限って点滴バーで移動することを許された。

点滴バーにつかまりながら、ぎこちなく病院内を移動してみた。やはり、右足はコンクリートのように重たかった。右足が上がらないため、引きずるしかなかった。そのため、床によくつまずいた。困ったのが、方向を変えるときであった。前にしか進めないので「曲がる」ことができなかった。どうしたらよいのかわからずに茫然とした。ようやく、ちょっとずつの角度で体を小刻みに動かせば曲がれることに気が付いた。こうして私は、向きを変える時に、小さな角度で体を動かした。一回転して元に戻るのは一大事業であった。自分の意志どおりに右足を動かせるようになるには、あと一年は必要なように思われた。

足のリハビリが始まったのは一八日(金)であった。私は自分のトレーナーとなる人を慎重に選んだ。誰と組むかで結果に大差がついた。私は笑顔が素敵で、誉め上手の女性トレーナーを選んだ。彼女に私の目標を話した。

「私は四月二五日に大事な儀式があります。その日には、自分の足で歩かなければなりません。二五日まで、あと七日あります。七日間で歩けるように練習メニューを組んでください。私はどんなにキツイ練習でも喜んでやります」

私は本気で真剣で必死であった。最初トレーナーは驚いたが、すぐに笑顔に戻った。

「回復するためには締め切りが必要です。厳しい締め切りがあるほど回復しやすくなります。練習のメニューならいくらでも作れます。問題なのは本人のやる気です。斎藤さんはやる気がありますから必ずよくなります」

私はやる気で充満していた。彼女は私の歩行を分析すると三つの課題を出してくれた。これが土日にかけて練習する宿題になった。

一つは、歩行する時に、右足の踵を上げて右手を振ること。

二つは、階段の昇り降りが全くできないので練習すること。

三つは、歩行する時に体重を左右にバランスよくのせること、であった。

私は動かない右足を抱え、どうしたらよいか途方に暮れていた。この時、ようやくトレーナーに出会うことができた。私は前方にかすかな光を見た。

私は記者会見当日のイメージを思い浮かべた。おぼろげな記憶をつないで当日の状況をイメージした。会場は丸の内にある日本工業倶楽部であった。そこにたどり着くだけでも障害が多かった。まず、虎ノ門病院の正面玄関のタクシー乗場まで行き、タクシーに乗らなければならなかった。これは誰かに介助してもらうことが必要だと思った。タクシーに無事に乗り降りできたとしても、日本工業倶楽部の正面玄関には確か数段の階段があった。この階段を自分の足で昇らなければならなかった。階段を昇ったところには分厚いドアがあった。ドアを開けると絨毯《じゅうたん》の敷かれた大広間があった。

半身不随の私にとり、気が遠くなりそうなバリアの連続であった。あと七日間しか残されてはいなかった。点滴バーにつかまれば、歩行は可能であった。だが、そのような状態で記者会見に臨むことは許されないことだと思った。

あの時の体の状況では、一週間後の記者会見に歩いて出席することは絶対に無理だと思われた。だが、私は決して普通には考えないことを信条に生きてきた。たとえ、0.1パーセントしか可能性のないことであっても、私は「自分ならできる」と信じることができた。たとえ、どんなにかすかな光であろうとも、私は格闘してでも光の面積を広げようとした。私は絶対に復活するのだと魂に誓った。

私は自分が分岐点にいると思った。右半身の麻痺を急回復させるには、今しか時間はなかった。しかも、たった一回限りのラストチャンスであった。今、何もせずにベッドにいれば、麻痺は強固に固定され、回復するのに莫大な時間を要することになると思った。

点滴バーにしがみつく私の復活を信じる人は、皆無であった。唯一、私だけが自分の復活を信じた。そう考える人は、世界にたった一人であった。それでも、私は自分が不死鳥の如くに甦ることを信じた。私は運命が動いたほんの一瞬にだけ切り返すチャンスがあることを、これまでの体験で学んでいた。

不屈の魂

私が復活するためには、特別な訓練が必要であった。私はウルトラ・ランナーだった頃、自分の体と対話しながら走った。体が壊れて思うように動かない時には、そこを手で優しく触り、心の中で話しかけた。「どうした？　どこが痛い？　どうしてほしいの？」こうして体の声を聞いた。

私が倒れた日から右足は麻痺して対話ができなくなった。それでも、私は今ならまだ固まりを溶かせると直感した。私は、週末の一九日(土)と二〇日(日)の二日間が勝負になると思った。私は、どのように特別な訓練をするのかに思考を集中させた。

トレーナーの三つの課題のうち、私は二つ目の階段の昇り降りが全くできなかった。右足を上下させる階段のトレーニングが強化練習に求められた。だが、病院のどこにそのような練習場所があるというのだろうか。私は特訓の場所を探すため、点滴バーにつかまりながら病院内を移動した。

四月一八日(金)の午後であった。こんなにゆっくりとフロア内を眺めるのは初めてであった。私はトイレの向かい側に鉄の扉があるのに気づいた。ドアをそっと押してみると、内階段であった。こんなところに内階段があったことに初めて気がついた。そのまま点滴バーにつかまって中をのぞくと、中はひっそりした空間であった。地下から階段がぐるぐると上の階へとつながっていた。後ろでドアがゆっくりと閉まった。そこは閉ざされた静寂な空間になった。

私は秘密の練習をするのに格好の場所を見つけた喜びに、心が躍った。人目につかない階段は、私の特訓のために、神様が特別に用意してくれた場所のように思われた。私は試しに階段を降りた。点滴バーから離れると、自由になる左手で左側にある手摺《てすり》につかまった。

右足が動かないため、階段を降りる時に左足のバランスがとれなかった。壊れたロボットのように、ぎこちなく階段を降りた。麻痺した右足が痛かった。降りる途中で、左足に負担がかかり過ぎて崩れた。次に、体のバランスが崩れ、手摺にしがみついていた左手に体の重心がかかり過ぎて、体ごと手摺を越えて落下しそうになった。私は、かろうじて左手で手摺にしがみつくと、体が落ちるのを必死にこらえて踏みとどまった。紙一重の差で、私は転落を免れた。私のような体で、階段を一人で降りることは、危険極まりないことであった。十段ある階段をようやく降りると、中間にある踊り場にたどり着いた。

私は元の地点に戻ろうと思った。振り返って階段を見上げた私は、その高さに驚かされた。私はこの時「まずい。思わず深追いしてしまった」という思いが頭をよぎった。私は、しびれる右足を上げて階段を昇ろうとした。だが、右足は少しも上がらなかった。「まずい」今度は脳のど真ん中を稲光のように、この言葉が貫いた。私は全力を込めて、ぶるぶるっと体を震わせて右足を持ち上げようとした。それでも、右足はびくりとも上がらなかった。私は自分が半身不髄の体であることを思い返した。私は茫然と立ちすくんだ。「このままでは危ない」と恐怖の心が私を襲った。

私は、とんでもなく危険な状態に置かれたことを自覚した。病院で体を移動させる時、私は点滴バーにしがみついていた。その点滴バーは階段の十段上に置き去りにされていた。点滴バーがなくても、杖があれば何とか昇れた。だが、その杖もなかった。私は誰かに助けを求めるしか助かる方法がないことを知った。内階段は静まり返っていた。人の気配はなかった。内階段には、私一人しかいなかった。私は、まさか自分が病院内で窮地に陥ろうとは、考えてもいなかった。

私が地獄の底に落ちて苦しんでいるのに、誰もそのことを知らなかった。私は階段を降りることはできた。降りれば救助されるだろう。だが、それをすれば私の担当看護師に迷惑がかかった。それ以上に秘密の練習ができなくなってしまう。救助されることなく自力で窮地から脱出する方法を必死に考えた。問題は、降りる時には左側にあった手摺が、昇る時には右側になったことであった。右手の指が麻痺したため、手摺をつかめなかったのだ。私は右手をあきらめていた。

だが、この時、右手の指ではなく肘《ひじ》なら手摺に乗せられるかもしれない、と閃いた。早速、試してみた。私は右肘を手摺に乗せると、ゆっくり体重をかけ、右足を持ち上げようとした。右肘と右足の両方がぶるぶると震えた。激痛が走った。あまりの痛さに思わず、うめき声が漏れた。とても耐えきれないほどの痛さだった。私はそれでも耐えた。右足が徐々に階段の高さに近付いた。さらに力を入れると、ようやく右足を一段目の階段に乗せることができた。

私は、命懸けで、動かなくなった右足を持ち上げることができた。たった一段の階段を昇ることが、これほどまでに辛いことだとは思いもしなかった。不意に涙が込み上げ喉の奥から声が漏れた。私は流れ出る涙を止めることができなかった。

私は以前、同じ苦しみを体験したことを思い出した。体の記憶が甦った。あれは山岳耐久レースであった。あの日、私は黒色タイツを履いていたため、スズメバチに右足を刺された。生まれて初めてのことだった。ドスンと太い釘を金鎚で打ち込まれたような激痛が走った。何事が起こったかすらわからなった。しびれが足のつけ根にまで回って動かなくなった。右足が麻痺してコンクリートのように固まった。私は泣きベソをかきながら右足を引きずり左足だけで走った。

やがて、左足がつった。私は両足とも動かなくなった。レースをリタイアする寸前に追い込まれた。それでも私はまだ両手があることに気付いた。私は両手を使い草を引き寄せると、這って体を前進させた。

私は半年前の出来事を、まざまざと思い出した。あの時の体験と、右半身不髄になった今の体験とは、偶然の不思議な一致があった。あの時、私は決して諦めなかった。不屈の魂で前だけを見た。

私はひたひたと心の底から勇気が湧き上がるのを感じた。私は左手で涙を拭うと、二段目の階段に挑戦した。

あのレースで、私一人がスズメバチに刺された。私は激痛と格闘し、しびれに耐えた。

そうして、限界を超えて力の限りに走り続けた。私の魂は決して諦めなかった。私が悲惨な状況に立たされようとも、魂は私に前進することだけを命じた。あの時と同じであった。

私は右肘を手摺に置くと全体重をかけた。力をふり絞り右足を持ち上げようとした。再び耐えられないほどの激痛が私を襲った。右半身に強烈な痛みが走った。それでも私は「こんなところで負けるわけにはいかない」と自分に言い聞かせた。半身不髄の体は、バラバラになりそうだった。もう駄目だと思った。ぶっ倒れる寸前だった。私は限界を超えるために、ありったけの力をふり絞り激痛に耐え抜いた。

長い時間がかかった。私は十段の階段の全部を昇ることができた。私の顔は再び涙でぐしゃぐしゃになった。涙が止まらずに嗚咽した。昇り切った地点には点滴バーが置き去りにされていた。危なかった。私は救助されることなく、自力で元の地点に戻ることができた。私が生きてきた中で、こんなに苦しかったことはなかった。

限界を超えた訓練

内階段は使われることが少ないため、秘密の練習場に最適であった。ただし、トレーナーがいないため、半身不髄の私が一人で閉じこもって練習するのは、危険であった。看護師に相談すれば、間違いなく認めてもらえなかった。一方でリハビリを開始するのは、早ければ早いほどよかった。一刻も早く右足のしびれを溶かさないと、固まりは日ごとに強靭になっていた。私は右足の固まりを溶かすタイミングは今しかないと思った。こうして限界を超えるトレーニングが始まった。

私は翌日から、秘密のトレーニングを開始した。土日は検査がないため、朝食を食べ終えるとすぐに練習を始めた。平日のリハビリ室には大勢のトレーナーがいて、器具も十分にそろっていた。階段の昇降訓練では、杖をついて階段を昇降する私のすぐ隣にトレーナーがついていてくれた。階段から落下しても大丈夫なように数段だけの階段であった。絶対に事故が起きないように万全の配慮がされていた。

それに比べると、内階段の秘密のトレーニング場は、たった一人しかいないために危険であった。何かトラブルがあった時に助けてくれる人がいなかった。それが最大のリスクであった。私は前日にたった一人で練習することの恐怖を十分に味わっていた。半身不髄の体は事故が起きやすかった。私は絶対に事故を起こさないことをルールにした。

締切りが目前に迫っていたため、トレーニングは「特訓」になった。私は命懸けの特訓を自分に課した。普通の練習をしたのでは、到底目標には到達できなかった。私は自分の限界を超える特訓に挑戦しようと思った。今の一瞬に持てる限りの力を注ぎ込もうとした。

私は前日に、肘を使って階段を昇るコツを体得した。これが壁を突き破り、さらに切り開く突破口になった。私は一九日(土)の午前中に、階段の昇降を五セットした。十段の階段の昇り降りを一セットにした。そのため、一セットをこなすと、階段を二十段昇降したことになる。午前中は五セットこなしたので百段の昇降をしたことになった。昼になった。汗だらけの私は、部屋に戻るとベッドに転がり込んだ。体が疲れ切って、足がジンジンした。

昼食を終えると、私は再び午後のトレーニングに挑戦した。この日、午後の特訓は特に厳しかった。それでも私は「あと一歩だ。あと一歩だ」と自分に言い聞かせて階段を昇った。この日の午後は、地獄の底を這うような特訓になった。私は体がバラバラになり、ぶっ倒れそうになった。私の体力の限界を超えた特訓であった。汗が階段にしたたり落ちた。私は夢遊病者のように「あと一歩だ」と自分に言い聞かせて、猛烈な特訓に耐えた。

一九日(土)の午後には二十二セットもの練習をこなした。四百四十段の階段の昇降をしたことになる。右半身不髄の私がしびれに耐えながら、一日に五百四十段もの階段の昇降をしたのだ。驚異的な数字であった。我ながら、何て過激で凄い特訓をしたのだろうと驚愕した。私は命懸けであった。

回復の最初の角度を高くする

私は四月二五日の記者会見に自力で出席することを生きる目標にした。だが、それは無理だと医師の顔に書いてあった。私は半身不随になったのに、依然として無理をするのが好きだった。普通、人はラクなほうを好むが、私はラクなことが嫌いだった。ムチャクチャ頑張らないと無理なことに挑戦してギリギリで成功させるのが、私は楽しかった。「普通には考えない、無理をする、決して諦めない」が私の信条であった。私は魂の命ずるままに、半身不随の体の限界に挑戦しようとした。「いずれそのうち」では遅かった。私には「いま」しかなかった。半身不随の体の限界に挑戦するのは、痛くて辛いことであった。あまりの激痛に、私は涙が止まらなかった。それでも、諦めたら、そこで終わりになった。私は体の限界との命懸けの戦いを開始した。

病院には、多くの患者が入院していた。私と同じ脳梗塞で入院中の患者も多かった。私は文字どおり命を懸けてリハビリに取り組んだ。私のように命懸けで必死で凄まじいまでのリハビリをする患者は、誰もいなかった。病院では、まさか内階段を秘密のトレーニング場にする患者がいようとは想定外の出来事であった。

私の左脳には一・五センチの血栓ができていた。その血栓は、運動を司る神経の通り道を直撃していた。

四月一六日、医師は私のノートに図を描いた。縦軸が回復度、横軸が時間の経過のグラフであった。医師はこのグラフに二本の線を描いた。一本の線は、初めの角度が低く途中から横棒になる折れ線グラフであった。「これが普通の人の回復曲線です。あるところまでは回復しますが、途中からは回復がほとんどなくなり水平になります」

医師は、もう一本の折れ線を描いた。「こちらは急回復する人のグラフです。早い時期にリハビリを開始し懸命に努力をした人は、このように急角度で回復することができます。ただし、行けるところまで行くと、後は水平になります」

医師はさらに「回復できるのは初めの時期に限られ、その時期を過ぎると回復は極めて遅くなります。しかも最初の回復の角度が一番高く、途中からはその角度を超えて回復できなくなります」と語った。

私は、リハビリでは最初の角度が一番大事なことを知った。最初の角度次第でどこまで回復できるのかが決まった。

虎ノ門病院の看護師は教育が行き届きレベルが高かった。ブザーを押せば二十四時間いつでもナースが飛んできて、患者のことを心配してくれた。時間になると、三度の食事が運ばれた。そのため、完全介護の病院では、患者が無理をしなくなった。ぬるま湯に浸り、患者であることに甘えているように思えた。私はとことん無理をして命懸けで頑張る唯一の入院患者であった。私は「こんなところで負けるわけにはいかない。このままでは終わらせない」と自分に言い聞かせた。

リハビリには三種類あった。まず、手や指の特訓をする作業療法と足の歩行訓練をする理学療法があった。さらに、話す訓練をする言語療法があった。私は、最初に手の作業からリハビリを始めた（四月一六日）。まっすぐに線を引くこと、丸を書くことを最初にやった。私は、まっすぐに線を引くことがこんなに難しいことだとは知らなかった。小石を右手でつかんで左にある小箱に入れる作業をした。途中で小石が指からこぼれ落ちた。指先の感覚がなくなったため、いくら練習しても落ちた。小石をつかんで放さないことが、こんなに難しいことだとは思いもしなかった。

右手でつかんだ小石を上に上げる作業をした。右手は肩までしか上がらなかった。どうしてこんな動作ができないのだろうと、私は絶句した。粘土を右手でこね、指先を粘土の中で前後左右に動かした。しびれた右手の指先を、粘土の抵抗の中で動かす作業だ。私は幼稚園児になったつもりで動かした。私は何もできない自分を出発点にした。過去のプライドは、その一切を捨てた。

自分の限界との戦い

理学療法（足のリハビリ）が始まったのは、翌々日の四月一八日であった。私の右足の固まりを溶かすのは難問であった。私は理学療法室に連れていかれた時、室内を見渡すと、どのトレーナーについたらよいかを観察した。トレーナーと患者は一対一の関係になった。誰と組むかで、結果には大差がついた。

私はいつも笑顔を絶やすことのない褒め上手な女性トレーナーを見つけた。私は彼女に、私のトレーナーになってくれるように頼んだ。私は短期で最大限の角度で回復することに決めていた。そうなるためには、私の好きなトレーナーに褒めてもらうことが、上達のコツだと思った。そのため、私は、褒めてもらいたいと思う女性トレーナーを指名した。好きな異性に褒めてもらいたい欲求こそが、人間の一番根源にある欲求であった。

足のリハビリでは、まずトレーナーと柔軟体操をして足の固まりをほぐした。次に、自転車のペダルをこいだ。その次に、階段の昇降訓練をした。数段の階段を杖を使って昇降する練習であった。この日、私は階段昇降が全くできなかった。一直線に歩く練習もした。最後に、鏡の前で「人間らしく歩く」練習をした。いくら鏡を見て歩いても、私はロボット歩きになった。それでもトレーナーは褒めてくれた。叱られると思ったのに褒められたので元気が湧いた。患者がよくなるためには、楽天的で褒め上手で前向きのトレーナーにつくことが重要であった。

自分でよくなりたいという動機のない患者がリハビリ室にきても、レベルは上がらなかった。一方で、よくなりたいという強烈な動機を持ってリハビリに励む人は、ちょっとずつだがレベルを上げた。かすかな角度の差であっても、時間の経過と共に大きな差になった。

毎回「トイレに行きたい」とせがむ中年女性がいた。また、いつも「お腹が空いた」と言うメガネをかけた中年女性がいた。彼女は毎日「朝ご飯を食べたっけ？」と介護者に尋ねていた。私は「トイレ女」と「腹ペコ女」とあだ名をつけた。動機がゼロの人たちがいる一方で、トレーナーの若い男性に褒めてもらうのを生きがいにして頑張る中年女性もいた。リハビリ室で怒鳴りまくる中年の「威張り男」もいた。「昔の私はもっとこうだった」とばかり言っていた。半身不随になった自分を認めることのできない可哀想な人であった。

私はリハビリをやりたくてたまらなかった。リハビリをして身体機能を回復させたいと強く願った。そのため、トレーナーに頼んで、なるべく多くのメニューを作ってもらった。私は毎回やることを増やした。私は、自分のやれることが増えることを喜んだ。たとえ、どんなに小さなことであっても、それがやれるようになると「やった！」と喝采して心から喜んだ。

毎朝、目を覚ますと、私はベッドの中で手足をそっと動かした。右手と右足の指の一本一本に至るまで、神経が通うかどうかを確かめた。そこで、前日より、ほんのかすかでもピクリと動くと、私は心の底から喜んだ。私は、朝のくるのが楽しみであった。

私はトレーナーの言ったことをヒントに猛練習をした。トレーナーは、私の弱点を発見すると分析して処方箋を語ってくれた。どういう方向で考え、どのような方法で練習すればよいかのアドバイスをヒントに自分なりの練習メニューも作った。

二五日に自力で記者会見に行く目標は、最高に頑張れば、超ギリギリで間に合う目標であった。これほど努力が必要な目標はなかった。本当に超ギリギリであったため、私は猛スピードで訓練を開始した。私の時間は緊張で張りつめた。私は命を懸けて訓練すれば、夢（目標）は叶う（実現する）と信じた。私が復活するためには、自分の限界との戦いに勝たなければならなかった。

四月一九日(土)に、五百四十段もの階段を昇降した私は、自分の中にこれほどの力が残されていたことに驚かされた。初日のトレーニングでは限界を超えることができた。回復の最初の角度が、さらにどれだけ高くなるかは、翌二〇日(日)に何段の階段を昇降できるかにかかっていた。私は最初の角度を最大限に高くすることに全力を集中させた。ここで勝負が決まると思った。

二〇日は日曜日のため、検査はなかった。私は朝食を取るとすぐに内階段での特訓を開始した。かつて私は夜の闇の中を一人で走るウルトラ・ランナーであった。ヘッドランプをつけて、たった一人で山道を登った。私は金曜日の夕方五時に仕事を終えると、会社で着換えてリュックサックを背負い甲州街道を走った。大月付近で大雨に遭遇したことがあった。シャワーのような豪雨を浴びながらも走った。笹子峠に近付くと雷が発生し稲光が光った。私は稲光が閃く山道を走った。道が川のように雨水で溢れ、真っ白いガスが立ち込めた。私は視界不良の中を「あと一歩だ。あと一歩だ」と自分に言い聞かせて走った。汗が顔面からしたたり落ちた。眠くてたまらなかった。私は睡魔と格闘しながら走った。私は限界と戦うのが何よりも好きだった。限界を超えて体を前に進ませようとした。夜の山道には私一人しかいなかった。何が起こっても自分の責任であった。誰も助けに来てはくれなかった。

虎ノ門病院の内階段は、私の走った夜の山道になった。私は、ぶっ倒れそうになっても、倒れずに痛さの限界と戦った。体がバラバラに分解しても構わないと思った。床には、涙と汗がポトポトとしたたり落ちた。私は歯をくいしばり激痛にたえて階段を昇った。「あと一歩だ。あと一歩だ」私は自分を励ましながら麻痺して動かなくなった足を前に進めた。病院の内階段は、過激なトレーニング場に化した。そこは修羅場であった。私は、たった一人で地獄の底にいた。命を懸けて、やれる限りの特訓をした。

その日、私は午前中に二十セット、午後に三十九セットの昇降訓練をした。合わせると、五十九セットになった。一セットは二十段の階段の昇降であった。そのため、私は一日で千百八十段もの階段昇降をしたのであった。半身不随で入院した患者が、一日に千段を超える階段の昇降をしたのだ。驚異的な数字であった。私は、自分の限界を超えたと思った。

こうして、私は最大限の角度で回復のスタートを切ることができた。

最後のリハビリ

コンクリートの塊のように動かなかった私の右足が、少しだけ動かせるようになった。

二一日(月)になった。平日なので、通常のリハビリ室でのトレーニングが始まった。女性トレーナーと柔軟体操をした。彼女は不思議そうな顔をして私を見つめて言った。

「今日は、先週と比べて随分と調子がよさそうですね」

彼女は、私の内階段での秘密のトレーニングのことを知らなかった。やがて、階段の昇降訓練になった。私は「杖は使いません」と言って、杖を返した。トレーナーはわけがわからないという顔をした。先週の金曜日は、杖を使っても階段を昇降できなかった。その私が、杖を使わずにゆっくりと昇降した。自分でも満足するほどしっかりした足どりであった。女性トレーナーはびっくり仰天し、目を丸くして叫んだ。「斎藤さん、一体どうしたのですか!」彼女は顔中が笑顔になると、私を心から褒めてくれた。それから毎日、私は秘密のトレーニングを続け、一日に千段の階段の昇降を自分に課した。

私には強い動機があった。必ず復活してみせると誓い、デッドラインを引いた。そして過激なトレーニングに挑戦した。その結果、最初の角度を最大限に高くすることができた。リハビリ室には大勢の患者がいて、各人の置かれた地点で地道な努力を続けていた。ちょっとずつ回復はするが、長い時間がかかっていた。リハビリ室の新人だった私は、並いる先輩たちを一瞬のうちに抜き去った。

あの時、経済同友会では四月二五日に記者会見を予定していた。何という偶然との出会いなのだろうか。私は一瞬の偶然を見逃さずに、復活の目標にした。それだけが、超短期で復活できる唯一の締切りであった。私は、自分の持てる全ての力を注ぎ込んで復活に命を懸けた。一度、目標を決めると、そうなるために必要な手を打ち、限界を超えて全力で努力をするのが、私の流儀であった。私はウルトラ・ランナーとして体を鍛えたため、体力は底なしにあった。一方では、座禅や会計士受験により心を鍛えたために強い心があった。そのため、悲惨な状況から脱出する道を自分で探すことができた。だが、いくら探しても道はなかった。そのため、自分で拓いた。私は「ようやく、ここまでくることができた」と安堵の息をついた。私の回復ぶりは飛躍的で目覚ましかった。医師や看護師やトレーナーが、私の回復ぶりに目を見張った。私はタイムリミットに間に合うように命懸けでリハビリに取り組んだ。私は急角度で回復し超短期のうちにレベルを上げた。

最後のリハビリは言語療法であった。私は極秘の入院であったため、見舞客は限られていた。私は病室に一人でいることが多く会話する機会がほとんどなかった。家族とほんの少し会話しただけでも疲れた。記者会見では副代表幹事として挨拶をしなければならなかった。そのためには、口を動かす練習が必要であった。入院中には話す機会がほとんどなかったため、口の動きが鈍くなっていた。

四月二三日、私は言語のリハビリを初めて受けた。言語療法士は「しゃべることは運動です」と言った。「運動ですから、筋肉を動かす練習をしさえすれば、しゃべれるようになります」と明るい結論を話してくれた。右半身不随の影響は、しゃべりにも出ていた。私の口が思うように動かなかった。対話のタイミングも上手くつかめなかった。私は、生きた会話から遠去かっていたためと思っていた。だが本当は、右半身が麻痺して固まったことが最大の原因であった。ラ行とサ行、さらにはマ行とナ行の発音が難しかった。

私は自分の言語レベルが相当に低下したのを自覚した。記者会見まで、あと二日間しかなかった。たった二日で、私はどうすれば話せるようになるのだろうか？歩くことばかりに気を取られていたが、記者会見で何を語るのかを、私はまだ何も考えてはいないことに気が付いた。私の頭が回らなくなっていた。二日後に何を話すのかだけを考え、練習をして全文を覚えようと思った。

私は言語療法士が私に話してくれたことを反復すると、ノートに書いた。「しゃべることは運動である」「練習すれば、しゃべれるようになる」指導者からの一言半句のヒントがあるか否かで、その後の伸び方に差がついた。私はプロの発した一声に込められたヒントを懸命になって探すと、自分で道を拓いた。言語療法士が虎ノ門病院に来るのは、毎週水曜日だけであった。そのため、今度の記者会見では、二三日にインプットした知識から行動計画を作って反復練習し乗り切るしか方法はなかった。

私は言語のリハビリのために、自分で三つの実践プログラムを作った。

一つは、サ行、ラ行、ナ行、マ行の発声練習をすること。

二つは、新聞のコラムを声に出して読むこと。とりあえず、二五日の挨拶の文章を完成させ、それを暗記すること。

三つは、見舞いに来てくれた人と直接にダイナミックな会話の練習をすることであった。

私に残された時間はわずかであった。もう間に合わないかもしれなかった。それでも私は、まだギリギリで間に合うと心から信じた。

頭の麻痺

時間がなかった。私は二四日と二五日の予定表を作った。一体どこで言語の練習時間をひねり出したらよいのだろうか？　予定を組んでみて驚いた。練習時間はほとんどとれなかった。私は階段の昇降訓練の時に、同時に口を動かして言語のリハビリをしようと思った。

私は当日に話す挨拶の原案を考えた。だが、何も考えが浮かばなかった。私は自分の頭脳が著しく低下したことを思い知った。私は一体何を話したらよいのだろうか？　私の脳は麻痺のためか馬鹿になっていた。

二四日は、午前一一時から医師が回診する予定であった。そのため、朝食を食べ終えるとすぐに階段でトレーニングを始めた。私は階段を昇り降りしながら発声練習をした。

ラリ、ラル、ラレ、ラロ

リラ、リル、リレ、リロ

ルラ、ルリ、ルレ、ルロ
レラ、レリ、レル、レロ
ロラ、ロリ、ロル、ロレ
ナニ、ナヌ、ナネ、ナノ
…

話す挨拶の内容は依然としてまとまらなかった。自分の頭で考えようとしても、頭は全く動かなかった。

「まずい」私は絶望的な思いにとらわれた。「どうしたらよいのだろうか？」ずっと考えて、やっと気が付いた。一人でいくら考えても時間の無駄になった。頭を動かすには、相手が必要であった。同じレベルでボールを打ち返してくれる相手がいないので何の考えも浮かばないことに気が付いた。二四日の夕方に、話す内容をキャッチボールできる人に見舞いに来てもらった。この時に、私の頭は少しだけ回った。

それから一人で原稿をまとめようとした。だが、その段階になると、また前と同じで頭が回らなくなった。一瞬だけ回ったかのように思えた頭だったが、再び麻痺して動かなくなった。こうして前日が過ぎても、私は原稿を書くことができなかった。

フラッシュの眩しさ

四月二五日は、記者会見の当日であった。当日は午後二時から五階会議室で正副代表幹事会が行われ、二時一五分から三時までが記者会見であった。さらに、三時からは大会堂で経済同友会の総会が開催され、その後は懇親会が予定されていた。私は、体力の続く限りその場にいようと思った。

午後二時に間に合わせるため、私は一時二〇分に病室を出る予定を組んだ。昼食が何時に配膳されるのかが気になった。その日により、配膳の時間が違っていたからだ。二五日は、一二時よりずっと前に配膳された。旨そうな匂いがぷーんと漂ってきた。

昼食を食べ終えると、私は着替えを始めた。ちょうど一二時に着替えを始めることができた。予定より三十分も早い展開だった。何て順調なのだろうと喜んだ。だが、いざ着替えを始めてみると、信じられないくらいに時間がかかった。私はワイシャツの穴にボタンをはめることが、できなかった。入院して以来、最高に難しい作業であった。右手が思うように動かず、ボタンは穴からはずれてばかりいた。私はワイシャツを着るのに悪戦苦闘した。

ようやく、ワイシャツの穴に全てのボタンがはまった。するとまた問題が起こった。ネクタイがしめられなかったのだ。時間は刻々と過ぎ去った。それでも、ネクタイは長すぎたり、短すぎたりした。こんなにネクタイをしめることが難しいとは思ってもみなかった。十分な時間の余裕を見込んでいたはずなのに、着替えが終わると一時二五分になっていた。予定より五分遅刻していた。

エレベーターが一階に着いた。ドアが開くと、俗世の雑踏になった。私は、人々の間をぶつからないようにと祈りながら、ぎこちなく歩いた。正面玄関にタクシー乗場があった。私はタクシーに乗ると、行き先を告げた。ここでも予想外のことが起こった。運転手が二度も行き先を聞き返したのだ。私の言う行き先が、よく聞き取れないらしかった。私の声が小さいか、それとも言語不明瞭かのどちらかであった。

タクシーが動き出した。私は挨拶の言葉を思い浮かべようとした。それでも頭は依然として回転してくれなかった。「まずい。やはり頭は動かない」私は焦った。どうしたらよいのだろうか。柱だけ覚えておいて、あとはその場で話すしかないと思った。

タクシーは丸の内にある日本工業倶楽部の正面玄関前に到着した。タクシーを降りるのに苦労した。タクシーの乗り降りは、想像を遙かに超えて難しかった。体をかがめて狭いドアを潜り抜けるのが、難関であった。

ビルの正面玄関には階段があると思い込んでいた。だが、階段はなかった。代わりに、上りの石坂があった。私は体を前傾させると、石坂を上った。予想していたよりやさしかった。玄関のドアを開けると、赤い絨毯の敷かれた広間があった。ここでは、つまずかないように注意した。無事につまずかずに通過した。奥にエレベーターホールがあった。そこからエレベーターに乗ると、五階に到着した。北城恪太郎さんが私を見つけると心配そうに体調を尋ねてくれた。私は明るく元気に「病院から来ました。何とか生きています」と答えた。

午後二時に正副代表幹事会が開催された。二時一五分になると、皆で記者会見場へと移動した。そこは、フラッシュの眩しく光る会場であった。席に着くと、目の前に大勢の記者がいた。退任する正副代表幹事に続いて、新任の正副代表幹事の挨拶があった。退任した前代表幹事の小林陽太郎さんからは次のような挨拶があった。

「私は四年間でたいしたこともできませんでしたが、最後に北城さんをくどき落とした。

それだけで小林はそれなりの足跡を残した、と言っていただけるのではないかと喜んで、安心してバトンタッチしたいと思います」

小林さんの発言はいつもウィットに富んでいた。この日も「くどき落とす」という表現に記者団から笑い声が起こった。次に代表幹事となる北城さんが挨拶した。

「たいへん歴史のある経済同友会の代表幹事を務めるということで、その責任の重さをひしひしと感じています。……新しく『新事業創造立国』日本の中で新しい事業が次々に生まれそれが経済を活性化する、そうしたことに力を入れたい。そして同友会は政策集団として提言していますが、提言した内容を広く理解していただき、実現するために行動する同友会でありたいと思っています」

北城さんは「新事業創造立国」を目指すべきビジョンとして掲げた。続いて新任の副代表幹事の挨拶があった。いよいよ、私の順番になった。

入浴の生存競争

「サービス業で教育をやってきました。また、若手の会員ということで（同友会内では）少数だが、日本はこれからサービス産業をより活性化していかなければならない。言うべきことを言っていきたい。日本の若者は、まじめに努力する、自分で考える、自立して生きていくという人生の基本的な考え方を大人からメッセージとして受け取っていない不幸な状態にある。もちろん大人も悪いが、教育に大きな問題があると思う。そうしたことに対して正しいメッセージを伝え続けていきたい」

私は小さな消え入りそうな声で、たどたどしく語った。合格点には遠く及ばないが、ギリギリで、かろうじて間に合わせることができた。私は当日の予定を全てこなし、懇親会にも最後まで残ると、それから病院へと戻った。

病院では急回復して絶賛された私だったが、二週間ぶりに娑婆《しゃば》の世界に戻ってみると大変なレベル格差があった。午後六時半に病院に戻ると、私は「疲れた」と一言だけノートに記した。

懇親会で、私は食べ物には一切手をつけず、ウーロン茶だけで多くの人と話をした。娑婆の世界では、皆が元気でパワフルであった。私も負けじとパワーを発揮した。そのため、体力を全て使い果たした。

その日は、夜七時から風呂を予約していた。三十分間が患者一人の入浴する持ち時間であった。温かい湯につかると、体がポカポカして気持ちがよかった。私は幸せを感じて、ほっと溜息をついた。

私が初めてシャワーを浴びたのは、四月一六日(水)のことであった。入院して五日目であった。人間はいくら汚くても死なないものだとよくわかった。アカにまみれた体に温かいシャワーがあたった時、「生きている」という実感が湧いてきた。湯舟に入ったのは、二日後の一八日(金)であった。入浴することは、人間にとり最高の喜びの一つであった。

入浴する人は「予約表」に自分の名前を書くのがルールだった。一人三十分の持ち時間で、自分の入りたい時間帯をその日に予約するのだ。一番人気の高かったのが、夕方の六時から六時三〇分までの時間帯であった。次いで、その前後の時間帯の人気が高かった。すぐに欄が埋まった。

タオルは二枚必要だった。一枚で入浴しながら身体を洗った。もう一枚で、入浴後の身体を拭いた。湯舟のお湯は一人ずつ入れ替えた。そのため、風呂に入る前に、まずシャワーで湯舟を全部洗い流した。それから栓をして湯舟に湯を満たした。その間に、シャワーで体を洗った。

風呂には、大きな時計が掛けられていた。五分前に風呂を出るのがルールであった。そのため、三十分間の持ち時間があっても忙しかった。着替えから始まり、湯舟にお湯を入れ、その間に体を洗い入浴し、二十分になったら湯舟を出て、栓を抜き湯を流し終えて最後にシャワーで洗うのだ。それから、あわてて着替えをして、電気を消し「入浴中」のプレートを「空いています」に引っくり返して入浴が終了した。

予約表に書き込む時間が遅くなると、予約は取りにくくなった。私は、四月二二日(火)に予約が取れなかった。深く反省して、翌二三日(水)には真っ先に予約を入れた。お陰で、午後六時からの人気の時間帯に予約を入れることができた。二五日には初めて七時からの時間帯に予約を入れた。風呂に自分の好きな時間に入れることは、病院での最高の楽しみであった。

四月二八日(月)の午後二時から、経済誌の取材があった。私はその日の午後一時に虎ノ門病院を退院した。自宅に戻ると、すぐに会社に向かった。約半月ぶりの会社であった。会社の廊下を歩くと、前を歩いている社員たちの会話が聞こえてきた。「社長は今入院しているらしいよ。車椅子で点滴を受けてかなりの重症らしい。容態が悪くて面会謝絶になっているそうだ」

私は、よほど後ろから「わっ！」と言って驚かしてやろうかと思ったが、見逃した。それより、私がそう噂されていることを初めて知った。経済誌の取材では、基本的な人生の姿勢を語った。真面目に全力で努力をすること。自分の人生を自分の頭で考えること。自立すること。他人の役に立つこと、であった。入院したことは一切話さなかった。

取材が終わると、私は自宅に戻った。連休中に自宅でのリハビリが始まった。病院でのリハビリには限界があった。病院で歩けるまでに回復できても、現実の世界はもっと難関だった。現実では、手に荷物を持って歩くことが要求されたが、これほど難しいことはなかった。また、現実の道は自動車や自転車が通り、人とすれ違った。まだ体を器用に動かすことのできない私にとり、現実の道は恐怖であった。一番難しいのは、ラッシュ時の電車に乗ることであった。ラッシュ時に、ホームは人で溢れた。人混みの中では、すれ違う際に転倒する危険があった。しばらくは、通勤電車に乗るのは無理であった。

偶然の誤差と東証一部上場

翌四月二九日(火)、私は背中にリュックサックを背負うと、家の周りを歩いた。リュックサックの中には、財布と携帯電話と連絡先(住所、電話番号、氏名)が入っていた。午前と午後に駅まで歩いた。三〇日(水)には、リュックサックの中に本を二冊入れて歩いた。手に荷物を持つと、バランスが崩れて歩けなくなった。手に荷物を持って歩くのは難しいことだった。病院では優等生まで回復できたが、現実世界ではまだ序の口であった。

五月三日(土)には、昼間の電車に乗った。座席が満席だったので、立った。電車が揺れた時に、私は車内で転倒した。左足は踏ん張れたが、右足は体を支え切れなかった。普通の揺れなのに転倒したため、周囲の乗客が不思議そうな顔をして私を見た。

その日は近所にある公園を歩いた。子供たちが自転車に乗って遊んでいた。そのうちの一台の自転車が、スピードを上げて私に迫ってきた。子供は無茶苦茶な運転をしても、大人がよけてくれるものだと思い込んでいた。だが、私は真っすぐにしか歩けなかった。私は「あぶない！」と大声で叫ぶと、瞬間的に目をつぶり体を固くした。ギ・ギ・ギィと急ブレーキがかかり自転車は私にぶつかる寸前で急停止した。男の子が前のめりになって怯えた顔をした。子供の自転車がこれほど怖いとは思ってもみなかった。以後、私は公園には近付かないことにした。

私は以前のように速いスピードで生きることは、難しくなった。スローダウンさせて周囲を見渡した時、新しい価値を知った。かつて、私は無理をすることが喜びであった。だが、無理をし過ぎたために体を壊した。そのため「体を大事にする」ことが私の新しい価値になった。退院すると、私はストレスを溜めないことを自分に課した。夜には、ちゃんと眠ろうと思った。私は自分の体を大事にすることを価値にした。

私は頑張って無理をする価値の対極に「ゆっくり」生きる価値があることに気付いた。私は「倒れてよかった」と思うようになった。あのまま無理を続けていたら、もっと悪い事態を迎えていたに違いない。私にはとことん突き進む性癖があった。それが、あの時倒れたおかげで生還できた。そこで私は多くのことに気付くことができた。私の、それまでの不屈だった肉体が倒れたことで、それまでは見えなかった世界が見えるようになった。

私の体は自分が作ったものではなく、両親さらには先祖のＤＮＡのおかげでできあがったものであった。自分だけの力で肉体があるわけではなかった。そう考えた時「肉体は両親と先祖からの預かり物だ」という考えにたどり着いた。預かり物としての肉体なのに、私は自分のものと勘違いして粗末に扱った。そのため、私はいとも簡単に空から墜落したのだ。

私は人間万事塞翁が馬だと思っている。何がよくて何が悪いのかは、もっと後にならない限り、わからない。ある時に最悪だと思ったことであっても、後になって振り返ってみると「あの時にああいうことが起こってくれたおかげでこうなった」とプラスに思えることが実に多い。私はその時に精一杯やれる限りの努力をすることで、マイナスの事態があってもプラスに転じることができた。運命が暗転しても、私は負けずにまた引っくり返した。私の体内には、二つの価値が共存することになった。一つは、以前の無理をして頑張る価値である。もう一つは、脳梗塞で半身不随になったおかげでそれまでは見えなかった世界が見えるようになった。そこで私は「ゆっくり」という自分の生命を大切に扱う概念（価値）を見つけた。半身不随になったおかげで、それまでの私には見えなかった価値が見えた。

退院する時、担当の医師が私に告げた。「斎藤さんの回復があまりに速いので、もう一度ＭＲＩの画像を分析してみました。そうしたら、運動神経の束より一ミリずれて血栓ができていたことがわかりました」何ということだろう。私は偶然の誤差で再起することができたのだ。たった一ミリの違いが、再起できるか否かの運命を分けた。私は偶然の誤差がどうして起こるのかを考えた。たとえ、どんな善人であっても、偶然の誤差で亡くなる人は多い。逆に、どんな極悪人であっても、長生きする人はいる。善人か悪人かとは関係なしに誤差は起こるのだ。私は偶然の一ミリの誤差のおかげで復活することができた。私の必死の努力だけで復活できたわけではなく、偶然の誤差があったおかげであった。私は勝手に、神の意思で生かされたと思うことにした。

私は、自分一人で生きているのではなく、多くの人の力で生かされていることがわかった。手足が動かなくなった時、自分一人では何もできなかった。その時にナースコールで介護してもらい、ようやく用を足すことができた。考えてみたら自分で生きているようで、実は多くの人の支えがあって初めて生かされている自分がいた。自分が弱い立場に置かれたことで、私は初めて弱い人の見る世界が見えるようになった。

五月の連休明けから、私は会社に復帰した。外見的には一人前だったが、まだ右半身が自由にはならなかった。ゆっくり歩くことはできたが、右足は重く引きずるような歩行であった。右手でペンは持てても、漢字を書くことはできなかった。仕方なく平仮名で済ませた。会社代表者の署名を漢字でする時に困った。自分の名前なのだが漢字は難し過ぎた。右半身は、現実の中で慣らして動かせるようにするしかなかった。私は日常生活を送るレベルにまで復活することはできたが、ビジネスに必要なレベルにまではギャップがあった。この差は、開いたままで埋まらなかった。この時期の私は、体が思うとおりに動いてくれないことが、辛かった。

私にはよく講演の依頼がきた。だが、退院したばかりの私には、とても無理な話であった。体力のなくなった私は、その日一日を懸命に生きた。一日を生きるだけで、私は精一杯であった。自宅にたどり着くと、疲れ切りようやく今日が終わったと溜息をついた。体力がなくなると、人はそのレベルでしか生きることができなくなることを知った。

ある人に言われた。「信号には、青色と黄色と赤色がある。赤色の時には止まらなければならない。今は、停まって休息する時だ」脳梗塞になった人は大多数が第一線から退いた。私は脳梗塞になったことすら言わなくて済む程度にまで回復できた。それでも、右半身にはギャップが残った。あるべき肉体と現実の肉体との間のギャップが埋められずに苦しんだ。この時、私はギャップに苦悩する意味を考えた。この苦しみにどんな意味があるのだろうか。その時、私に「今は休息の時だ」という考えが浮かんだ。「そうか。今は立ち止まってもいいんだ」そう思うことで初めて安堵した。

'04年九月から、私はヨガ道場に通い始めた。体を隅々まで伸ばしてストレッチし、体を柔らかくするヨガに週二回通った。徐々に、私の体内に残っていた「しびれ」が消えた。私は、ようやく自由になれた。右手で漢字も自在に書けるようになった。私は三年に及ぶ休息の時を経て危機を乗り越えることができた。乗り越えてみると、もうひとつの始まりであった。

会社は、私が脳梗塞になった翌年の'04年三月に、待望だった東証二部から東証一部への指定替えを「最短」で果たすことができた。

あとがき

「私の原点と経営戦略」

本書は、『TAC NEWS』に連載された「私の原点と経営戦略」の後半部分になります。前半部分は『ビジネスの論理』として'05年に出版しています。前書では、私が大学生の時代に座禅をしインドに放浪した話から始まり、公認会計士の使命に憧れて受験勉強を始め、二十九歳の時にTACを設立し、ベンチャー起業家としての戦いを始めた途上までが書かれています。

本書は、私が三十八歳の時にTACで診断士講座を立ち上げた時の話から始まります。'96年に大好きだった母親が突然に亡くなると、自由になった私は心の空白を埋めるためにウルトラマラソンにのめり込んでいきます。やがて、命の危険をも顧みなくなった私は、ギリギリの場面でかろうじて生還するのでした。体を壊し、右半身不随になってからの戦いと復活に至るまでを本書では取り上げています。'06年に連載が終了した時、私には病気になったことを本として公表することに、ためらいがありました。まだ生々しい記憶として残っていたからです。そのため、まとめる機会を逸して今日に至りました。

今年がTACを設立して三十年の節目になります。私は、この後半部分をまとめる機会がやってきたと思いました。脳梗塞から回復して既に七年が経過し、私にとり虎ノ門病院の内階段でのトレーニングは、過去の出来事になっていました。若干の補筆を施しまとめました。

目標と困難と喜び

私は大学四年生の時に公認会計士になることを目標に決めて、多くの困難と格闘しながら合格にたどり着くことができました。困難が多いことを達成することの中に、人生の喜びがありました。TACを設立した私は、東証一部に公開することを目標に定めました。二十年かかりましたが、目標を達成することができました。途中での困難はもの凄く、難破する寸前で救われてギリギリで乗り切りました。ギリギリで生命を拾った喜びや、難破寸前で救われた喜びは、命懸けで船を操縦したことのある者だけが味わえる「生き延びることができた至上の幸福」になります。

難関な目標をクリアし達成するプロセスの中に、この至上の幸福が潜んでいました。私がTACを公開会社にする時に面白かったのは、前半部分の暗黒の「ぬかるみ」の中を何とか前に進もうと、泥だらけになりながらも僅かな光を求めて運命の逆転に懸けていた時です。いまになって面白かったと書いているだけで、当時は私の命運はここで尽きて野垂れ死にしてしまうのかと本気で懊悩しました。その困難を乗り越える中に、最高の喜びがありました。

私は東証一部に上場した時、「こんなものか」と思いました。ようやく手に入れた栄冠でしたが、それは単なる容れ物に過ぎませんでした。私は二十年にわたって目標にしてきた地点に到着できたことは嬉しかったのですが、本当の喜びは到着するまでの呻吟し、うめき、それでも望みを捨てずにチャレンジするプロセスの中にありました。

母の教え

私は大学四年生の時に公認会計士の受験勉強を始めました。この時に、この世でたった一人だけ私の応援をしてくれた人がいました。それが、私の母でした。私は母という理解者がいてくれたお陰で、幾つもの人生の試練を乗り越えることができたのです。

ところが、その母は私が二十九歳でＴＡＣを設立しようとした時、私の前に立ち塞がったのでした。

「どうしても事業を始めたいなら、私を説得してからにしなさい。私を説得できないのなら、事業は止めなさい」

母は仁王立ちになり、ここから先には一歩も行かせないと真剣勝負を私に挑んできたのでした。私は母が本気なことを知りました。もし、私が全身全霊を賭けて説得しても母が納得しないのなら、私の新しい事業は失敗するだろうと思いました。私は母の説得が、自分の運命の分岐点になると思いました。

母は「どこまで考えたのですか？」と尋ねました。私は徹夜で書き上げた「戦略書」をもとに、全力で母に説明しました。母との戦いに勝たない限り、私にベンチャーとしての人生は拓けませんでした。私は持てる限りの力を注いで、母が納得するまで説明を続けました。

母はいろいろな質問をしましたが、いずれも私の覚悟が問われていました。

母は、何の経験も無い私が事業を始めることを「まだ早い」と心配していました。それでも、私の覚悟が固く簡単には覆らないことを知ると、私に事業を起こす時の大事な心構えを話してくれたのでした。

「他人をあてにしてはいけません。人は弱いから、どんなに信頼している人でも裏切ることがあります。そういうものです。倒れる時には、他人に迷惑をかけずに、自分一人だけで倒れなさい。人を頼ってどんなに冷たくされても、人を怨んではいけません。人を怨むと、それは全部自分にはね返ってきます。人は皆、自分がかわいいのです。イザという時には、誰も助けにきてはくれません。あなたは優し過ぎるところがありますから、気を付けることです。事業をする以上は、勝ちなさい。負けたら、全てを失うことになります。負け犬になって路頭に迷うと、誰も相手にしなくなります。勝って、勝って、勝ち抜くのです。事業を起こす以上、勝ち続けるしかないのです」

母の死の意味

私はガンで亡くなる人は、まだ幸せだと思います。ガンで入院した人には、死ぬまでに若干の時間的余裕があります。家族と別れを惜しみ、自分の人生の総まとめをする残された若干の時間が、ガン患者にはあります。

それに対して、クモ膜下出血や心筋梗塞で突然に死が訪れる人は、一番困ります。ある時、突然に死がやってきますから、家族や知人は本人と別れを惜しむことも見送ることもできないのです。死ぬ本人も、やり残しの多さを悔いることになります。段階的に死を受け容れていくガンとは違い、突然の死による残された家族の喪失感は深いのです。

私はこの世で最大の理解者だった母親を突然亡くしました。心筋梗塞による一瞬の死だったため、残された私の喪失感は深く、心の受けた衝撃は測り知れない程に大きかったのでした。私は夜になると母を想い出しては泣き続けました。一カ月が過ぎ、二カ月が過ぎ、三カ月が過ぎた頃、涙が枯れました。不思議なもので、涙が枯れるまで泣き続けると、今度は心に元気が湧き上がってくるのでした。悲しみの行き着く先には、心の底から湧き上がる元気がありました。

私はこれまで長い時間をかけて、母の死をどう意味付けたらよいかを考えてきました。私にとり母の死は、短期的には不幸の塊のような出来事でした。それでも何事にも意味があると考える私は、長期の目で見れば、私にとり大事な意味を持つはずだと考えたのです。

あの時、私は「博明、これからはあなたが一人で考えて生きなさい」という母親からの合図があったと意味付けをしました。母が亡くなった時、私は広大無辺な宇宙で自分がたった一人になったと感じました。私は癒しようのない宇宙の孤独を感じたのでした。さらに私は、母のもとを離れて自由になったことを感じました。私は、サロマ湖百キロマラソンのことを母に話した時、母は私の体のことを心配して、絶対に出るのは止めて下さい、と言っていました。母は私の健康を本気で心配してくれたのでした。それでも、母の死の翌年、私はサロマ湖百キロマラソン大会に参加しました。

「これからは自立して自由に生きなさい」と母からの合図があったと意味を考えた私は、次々にウルトラマラソン大会に参加して肉体の限界に挑むようになりました。自由になった私は、体を限界まで酷使するウルトラマラソンに情熱を傾けたのです。一方では、TACを公開させるためのビジネス上のタフさも培いました。私はいつも、あれだけ苦しい限界を乗り越えられたのだから、これ位のことで負ける訳にはいかないと、ビジネスでも執念で限界まで挑戦しました。

私は仕事が忙しくなればなる程、体を限界まで酷使し、極限への挑戦に喜びを見出すウルトラマラソン大会に情熱を燃やすようになりました。本当は、母は私の健康を心配して、百キロを越えるウルトラマラソン大会は、体を壊すことになるし、はまりやすい私がはまりでもしたら困るから、絶対に止めてと嘆願したのでした。それにも拘わらず、私はギリギリの冒険を好むようになり、生命の危険を顧みることがなくなりました。自分の運を試し、かろうじて生還を果たす危ない日々が続きました。

私は大阪で体を壊し、右半身が不随になりました。それでも、私は受講生のために講演をし使命を果たすと、たった一人で新幹線で東京に戻り、そのまま病院に入院したのでした。医師が私の生命力の強靭さに驚き呆れました。私は病院の内階段で秘密のトレーニングをして、最初の回復の角度を最大にすると、その角度のまま右肩上がりで復活することができたのです。

現在では、脳梗塞の跡は一切無くなり、普通の人より遥かに健康な生活を送っています。私は、母の合図の意味は二つあったと考えるようになりました。一つは、自立して自由に生きなさい。もう一つは、健康に留意しなさい、です。二つめの意味に、私はようやく気付くことができました。

本書のタイトルの『風の二重奏』は、出版事業部の勝野さんが考案してくれたものです。一方に、TACの公開を目指して駆け抜ける私がいて、もう一方にはウルトラマラソンを走る私が隣り合わせでいるという不思議な状況を、勝野さんは美しく表現してくれました。また、出版事業部の後藤さんにも大変世話になりました。この場を借りて感謝します。

初出誌——「ＴＡＣ ＮＥＷＳ」'05・03月号〜'06・10月号

—著者略歴—

斎藤　博明　(さいとう　ひろあき)

1951 年　仙台市に生まれる
1970 年　東北大学経済学部入学
1978 年　公認会計士試験に合格
1979 年　ＴＡＣ株式会社を設立し、代表取締役社長に就任（現在に至る）
2001 年　ＴＡＣ株式会社がジャスダック市場に公開
2003 年　東証二部に上場
2004 年　東証一部に上場
2003 年～ 07 年　経済同友会副代表幹事に就任
現在　経済同友会幹事

—主　著—

『風の記憶』(1989 年)
『風を追う』(1994 年)
『風に出会う』(1999 年)
『ビジネスの論理』(2005 年)

▼『風の記憶』掲載の「父親の職業」が、1991 年文藝春秋社ベストエッセイに選ばれる。
▼『風に出会う』掲載の「収容バスとの競争」が、1999 年文藝春秋社ベストエッセイに選ばれる。

風の二重奏

二〇一一年二月一日　初版　第一刷発行
二〇一一年四月二十五日　第二刷発行

著　者——斎藤　博明

発行者——斎藤　博明
発行所——ＴＡＣ株式会社　出版事業部（ＴＡＣ出版）
〒一〇一-八三八三
東京都千代田区三崎町三-二-十八　西村ビル
電話　〇三（五二七六）九四九二（営業）
ＦＡＸ　〇三（五二七六）九六七四
http://www.tac-school.co.jp

組　版——秀文社
印　刷——日興印刷
製　本——常川製本

ISBN 978-4-8132-5555-0